Schöninghs französische Textausgaben
TEXTES ET CONTEXTES
Collection dirigée par Martin Burghardt

Sévérin Cécile Abéga

Les Bimanes

par
Joachim Schultz

Best.-Nr. 462083

Ferdinand Schöningh, Paderborn

Dr. Joachim Schultz, Lehrer für Französisch und Deutsch. Mitarbeiter am Lehrstuhl für Romanische Literaturwissenschaft und Komparistik an der Universität Bayreuth.

Sprachliche Beratung
Claire Lüsebrink

Umschlaggestaltung
wir — Grafik Design — Braunschweig

Texte-clef
Séverin Cécile Abéga: Les Bimanes.
© Les Nouvelles Editions Africaines,
Dakar/Sénégal 1982. Collection:
NEA-EDICEF Jeunesse.

© 1987 Ferdinand Schöningh, Paderborn.
(Verlag Ferdinand Schöningh, Jühenplatz 1, D 4790 Paderborn)

Alle Rechte vorbehalten. Dieses Werk sowie einzelne Teile desselben sind urheberrechtlich geschützt. Jede Verwertung in anderen als den gesetzlich zugelassenen Fällen ist ohne vorherige schriftliche Zustimmung des Verlages nicht zulässig.

Printed in Germany. Gesamtherstellung Ferdinand Schöningh.

Druck 5 4 3 2 1   Jahr 91 90 89 88 87

ISBN 3-506-46208-3

Table des matières

Einleitung 5

Hinweise zu den Annotationen 7

1 Texte-clef

SEVERIN CECILE ABEGA: LES BIMANES
Présentation 9
1.1 Le fardeau 11
1.2 Dans la forêt 36
1.3 Une petite vendeuse de beignets 56
1.4 Au ministère de soya 73

2 Textes supplémentaires

2.1   La situation linguistique au Cameroun 89
2.1.1 Xavier Michel: Un bilinguisme français-anglais 89
2.1.2 Mongo Beti: Le rôle du français 91

2.2   John Mbiti: Le rôle du guérisseur 91

2.3   Patrick Mérand: La famille africaine 95

2.4   Patrick Mérand: Village et ville en Afrique moderne 98

Indications biographiques 100

Einleitung

Die Beschäftigung mit der modernen schwarzafrikanischen Literatur in französischer Sprache gehört im heutigen Französischunterricht nicht mehr in den Bereich der „Exotik".

Die Lektüre der Romane und Erzählungen der „Klassiker des schwarzen Erdteils" wie Camara Laye aus Guinea, Cheikh Hamidou Kane aus Senegal und Mongo Beti aus Kamerun, um nur drei Namen zu nennen, muß als ebenso wichtig erachtet werden wie die der modernen Erzähler aus Frankreich, aus der französischen Schweiz, aus Québec und aus Nordafrika.

Die heutige afrikanische Literatur hat ihren eigenen literarischen Wert. Auch wenn ihr manchmal — zu Recht oder Unrecht — vorgeworfen wird, daß sie sich zu sehr an europäischen Mustern orientiere, so vermittelt sie uns doch Kenntnisse über die Menschen und Länder Afrikas aus der dortigen Sichtweise.

Unsere Medien berichten zwar, wenn auch wenig, über Hungerkatastrophen und politische Umwälzungen, doch geht dabei meist verloren, daß es in diesen Ländern ein „ganz normales" Alltagsleben gibt.

Von diesem Alltagsleben in seinem Land erzählt im vorliegenden *texte-clef* **Les Bimanes** der junge kamerunische Schriftsteller und Maler Séverin Cécile Abéga (geb. 1955)[1]. Seine Sympathie gilt den einfachen Menschen in Stadt und Land, denjenigen, die noch mit ihren beiden Händen arbeiten („Les Bimanes"), und die nicht auf Grund ihrer intellektuellen Leistung oder ihrer Stellung verächtlich auf die anderen herabsehen. Denen, die glauben, etwas Besonderes zu sein und ein Recht auf Vorteile zu haben, wird in seinen Erzählungen eine nicht selten schmerzhafte Lehre erteilt.

Das alles mag zunächst gar nicht so fremd für uns klingen, doch mit jeder Seite der folgenden Geschichten wird

---

[1] Das Buch ist 1982 bei Les Nouvelles Editions Africaines, Dakar/Senegal, in der Reihe „NEA-EDICEF Jeunesse" erschienen. Wir danken dem Verlag für seine freundliche Abdruckgenehmigung.

uns bewußter, daß das hier beschriebene Alltagsleben auf anderen Grundlagen ruht als das unsere. Schon die sprachliche Situation ist anders, denn das Französische ist nur eine der offiziellen Landessprachen Kameruns. Hinzu kommt das Englische, aber vor allem sprechen die Menschen in Kamerun ihre afrikanischen Sprachen, und wenn sie das Französische verwenden — sofern sie es überhaupt beherrschen — dann geschieht dies oft „fehlerhaft", d. h. nicht nach den offiziell festgelegten Regeln, wie sie die Académie Française in Paris verlangt.

Abéga gibt dieser Problematik in seinen Erzählungen einen breiten Raum, denn die Beherrschung der französischen Sprache dient auch als Mittel, sich gegenüber den anderen, die nicht „so gut" sprechen, abzusetzen.

Um diese Zusammenhänge besser zu verstehen, haben wir zwei *textes supplémentaires,* einen von Xavier Michel und einen von Mongo Beti, aufgenommen, die sich mit dieser Sprachsituation beschäftigen.

Andere Gegebenheiten des Lebens in Kamerun, so wie es Abéga schildert, liegen uns ferner und führen leicht zu Mißverständnissen oder europäisch geprägten Assoziationen. Welche Bedeutung hat beispielsweise ein „guérisseur", der in zwei der Erzählungen genannt wird? Ist es der „Medizinmann", den wir aus der kolonialistischen Abenteuerliteratur kennen? Gewiß nicht. Durch einen *texte supplémentaire* des kenianischen Theologen John Mbiti erfahren wir mehr darüber.

Welche Bedeutung hat die Familie in Afrika? Welche besonderen Gegensätze bestehen dort zwischen Stadt und Land? Einige Kenntnisse zu diesen Problemkreisen sind notwendig, um die Erzählungen Abégas ganz zu verstehen. Darum wurden zwei weitere *textes supplémentaires* aufgenommen, in denen der französische Ethnologe und Psychologe Patrick Mérand, ausgehend von seinen Erfahrungen in Afrika und mit afrikanischer Literatur, über diese Bereiche informiert.

Nach der Lektüre von Abégas Erzählungen weiß der Leser mehr über das Leben im heutigen Kamerun, und vielleicht haben die Schilderungen neugierig gemacht und die Bereitschaft geweckt, sich mehr mit Afrika und der modernen afrikanischen Literatur, die z. T. auch ins Deutsche übersetzt ist, zu beschäftigen.

Hinweise zu den Annotationen

Ihre Kennzeichnung erfolgt durch hochgestellte Ziffern im Text, die auf die entsprechenden Fußnoten der jeweiligen Seite verweisen. Damit alle Texte auch einzeln bzw. auszugsweise behandelt werden können und ständiges Blättern vermieden wird, sind wiederholt vorkommende Wörter nochmals in die Annotationen aufgenommen worden.

Die Auswahl und Angabe der Annotationen erfolgt einheitlich nach einem Mindestwortschatz[1], der vorausgesetzt wird. Von der Erklärung ausgenommen sind Wörter, deren Schriftbild dem Deutschen ähnelt und die in beiden Sprachen bedeutungsgleich sind, z. B. «le concert», «le diamant», «la fée».

Der Lernwortschatz[2] ist halbfett, der passive Wortschatz kursiv gedruckt.

Die Annotationen sind in der Regel einsprachig, nur in Sonderfällen wird auch die deutsche Entsprechung genannt.

In Zweifelsfällen stehen im Anschluß an den jeweiligen Begriff Angaben zur Wortart, z. B. «n.f.»/«n.m.», außerdem Hinweise zum Gebrauch der Verben, falls diese Schwierigkeiten beinhalten.

Adjektive werden mit der weiblichen Form geschrieben, in der Erklärung steht jeweils nur die männliche Form.

Sprachebene und sprachliche Sonderformen sind angezeigt. Die Hinweise und Abkürzungen bedeuten im einzelnen:

adj.	— adjectif
adv.	— adverbe
anatom	— anatomique
ann.	— annotation
ant.	— antonyme
c.-à-d.	— c'est-à-dire
cf.	— confer
comm.	— commercial
conj.	— conjonction
dimin.	— diminutif
ex.	— exemple
f.	— féminin
fam.	— familier
fig.	— figuratif
imp.	— imparfait (temps du verbe)
ind.	— indicatif
iron.	— ironique
littér.	— litteraire
m.	— masculin
math.	— mot appartenant au langage mathématique

n.	– nom
nég.	– négation
néol.	– néologisme
péj.	– péjoratif
p.ex.	– par exemple
pl.	– pluriel
pop.	– populaire
p.p.	– participe passé
qqch.	– quelque chose
qqn	– quelqu'un
qqpart.	– quelque part
spécialt	– spécialement (dans un sens plus étroit)
subj.	– subjonctif
syn.	– synonyme
techn.	– mot appartenant au langage technique
vulg.	– vulgaire

Eine Reihe von Begriffen und Ausdrücken sind mit einem Asteriskus (*) gekennzeichnet. Es handelt sich dabei um Wörter, die im afrikanischen Kontext eine besondere oder eine wichtige Bedeutung haben: Wörter aus dem Alltagsleben (Speisen, Kleidungsstücke, Pflanzen u. a.); Wörter aus der afrikanischen Muttersprache des Autors; Wörter, die in Europa nur noch im Bereich der Ethnologie oder mit einer eingeschränkten Bedeutung verwendet werden (initiation, tribu u. a.).

Akzentfärbungen des im Kamerun gesprochenen Französisch werden an einigen Stellen vom Autor transkribiert wiedergegeben, z. B. *Kesséké zé va férr, alors, dokta*. Diese Wendungen stehen in den Annotationen in einfachen, spitzen Klammern (<...>).

---

[1] Es werden alle Wörter erklärt, die nicht enthalten sind im: «Dictionnaire du français langue étrangère niveau 1» (dir. de Jean Dubois avec la collaboration de Françoise Dubois-Charlier), Librairie Larousse 1978.

[2] Zum Lernwortschatz gehören alle Begriffe, die im «Dictionnaire du français langue étrangère niveau 2» enthalten sind.

1 Texte-clef

Sévérin Cécile Abéga

Les Bimanes

Présentation

L'homme s'est perché[1] au haut de l'échelle des primates[2]. Il envie les ailes[3] des anges[4] pour voler encore plus haut. Aussi[5] s'assimile-t-il[6] souvent aux oiseaux en se baptisant[7] régulièrement bipède[8]. Sans doute parce que ceux-ci ont
5 leurs ailes[3] en commun avec la faune[9] biblique. Au bas de l'échelle, il a placé les quadrumanes[10]. Et entre les deux?
  Au milieu, nous situerons les bimanes[11]. Ils ont deux mains comme les hommes, qu'ils salissent souvent. Ce sont des laissés-pour-compte[12], ceux que les plans quinquen-
10 naux[13] ignorent délibérément[14]. Ils mangent leur pain à la sueur de leur front, et grillent leur échine[15] sous les braises[16] de notre soleil tropical. Celui-ci est si chaud que chacun préfère le fuir, pour se réfugier[17] dans un bureau. Et quand on n'a pas pu trouver un abri sûr et bien rémunéré[18], on

---

1 *se percher à:* se placer à un endroit élevé — 2 *les primates* (n. m. pl.): les singes et l'homme — 3 **l'aile** (n. f.): organe du vol chez les oiseaux — 4 *l'ange* (n. m.): être spirituel, intermédiaire entre Dieu et l'homme — 5 **aussi:** (ici) c'est pourquoi — 6 *s'assimiler à:* (ici) se voir pareil à — 7 *se baptiser:* (ici) se donner le nom — 8 *le bipède:* qui marche sur deux pieds — 9 *la faune:* l'ensemble des animaux — 10 *le quadrumane:* qui a quatre mains (par ex. les singes) — 11 *le bimane:* qui a deux mains; (ici) celui qui travaille avec ses deux mains — 12 *le laissé-pour-compte:* ce dont personne ne veut (chose ou personne) — 13 *le plan quinquennal:* der Fünfjahresplan — 14 **délibéré, e:** (ici) exprès — 15 *l'échine* (n. f., iron.): (ici) le dos — 16 *la braise:* (ici) chaleur tropicale — 17 **se réfugier:** fuir — 18 **rémunérer qqn:** payer qqn (pour un travail)

reste tranquillement chez soi, où l'on se résout[1] à ne travailler que la nuit, fouillant sans permission des poches que les voisins ont souvent presque vides.

Les bimanes[2] ont deux mains, et s'en aperçoivent. Ils n'ont pas peur du soleil ni de l'effort. Aussi[3] le méprise-t-on[4] souverainement[5], car ils n'ont pas eu l'esprit assez inventif[6] pour se protéger des fureurs[7] de l'astre[8] du jour. Ils n'ont aucune parenté[9] — oncle, cousin, beau-frère, pays — bien placée pour leur fournir[10] une place à l'ombre. Ils savent à peine lire et écrire, sinon pas du tout. Leur anglais ou leur français est une vaste bijouterie, où brillent les perles de toute espèce. Autant dire[11] que le chemin qui mène à la condition d'homme leur est barré[12].

Nous évitons soigneusement[13] ceux qui manipulent le cambouis[14] pour que nos automobiles roulent, ceux qui se maculent[15] d'huile et de farine, pour confectionner[16] nos mets[17], ceux qui extraient[18] de la terre la délicieuse banane et la mangue[19] juteuse[20]. Nous ne supportons pas la compagnie de nos chauffeurs, menuisiers[21], porte-faix[22]. Nous sommes vivement surpris d'apprendre qu'il existe des bousiers[23] dont l'aspect[24] rappelle l'humain.

Un homme digne[25] de l'espèce se doit[26] de porter une veste, une cravate, un pantalon au pli acéré[27], une chaus-

---

1 **se résoudre à:** se décider à — 2 *le bimane:* qui a deux mains; (ici) celui qui travaille avec ses deux mains — 3 **aussi** (ici) c'est pourquoi — 4 **mépriser qqn:** estimer qqn indigne d'attention ou d'intérêt — 5 **souverainement:** extrêmement — 6 **inventif, ve:** capable d'inventer facilement — 7 **la fureur:** la rage, la folie — 8 *l'astre* (n. m.) *du jour:* (ici) le soleil — 9 *la parenté:* (ici) personne qui protège un membre de la même famille — 10 *fournir:* (ici) donner — 11 **autant dire que:** on peut aussi dire que — 12 **barrer:** fermer, couper — 13 **soigneusement:** avec soin — 14 *le cambouis:* graisse, huile noircie (Wagenschmiere) — 15 *se maculer de:* se salir, se tacher — 16 *confectionner:* (ici) faire, produire — 17 *le mets:* chacun des plats qui fait partie d'un repas — 18 **extraire de:** retirer de — 19 **la mangue:* die Mangofrucht — 20 *juteux, euse:* qui a beaucoup de jus — 21 **le menuisier:** ouvrier ou artisan qui travaille le bois — 22 *le porte-faix:* personne qui transporte les valises etc. — 23 *le bousier:* der Mistkäfer — 24 **l'aspect** (n. m.): la manière dont qqn ou qqch. se présente à la vue — 25 **digne:** qui mérite qqch. — 26 *se devoir de faire qqch.:* (ici) devoir faire qqch. — 27 *acéré, e:* tranchant comme un couteau

sure éblouissante[1] de cirage[2]. Son français doit être impeccable[3], son bureau climatisé, son portefeuille bien garni. Le reste n'est qu'imitation. Dès qu'il cesse de servir le papier et l'encre pour utiliser des outils, il n'est plus un homme.
C'est un bimane[4].

La moitié de ces histoires est vraie parce qu'elle a été vécue par des gens dont j'ai oublié le nom, l'autre moitié est aussi vraie parce que, comme disait Boris Vian[5], elle est entièrement sortie de mon imagination.

---

1 **éblouissant, e:** aveuglant — 2 *le cirage:* graisse pour faire briller les chaussures — 3 **impeccable:** sans défaut, parfait — 4 *le bimane:* qui a deux mains, (ici) celui qui travaille avec ses deux mains — 5 *Boris Vian:* écrivain français (1920–1959)

1.1 Le fardeau[1]

Le crâne[2] du vieux Tchakarias cuisait tellement qu'il se demandait avec perplexité si le soleil ne lui avait point[3] pelé[4] la calvitie[5]. Il n'avait ni chapeau ni ombrelle[6]. Son ventre gargouillait[7] lugubrement[8], énervé[9] par les gambades[10] inutiles des courants d'air qui folâtraient[11] à travers ses intestins[12]. Nulle présence rassurante pour leur barrer[13] le passage. Son dernier repas était un vieux souvenir. Il s'assit sur une chaise qui ne quittait jamais sa véranda. Il souffla,

---

1 *le fardeau:* charge pesante (fig.: qui pèse: le fardeau des ans) — 2 **le crâne:** partie osseuse de la tête qui renferme le cerveau (aussi: syn. fam. de «tête») — 3 *ne ... point* (littér.): ne ... pas — 4 *peler:* ôter le poil, la peau (ex.: peler un fruit) — 5 *la calvitie:* état d'une tête chauve (sans cheveux) — 6 *l'ombrelle* (n. f.): petit parasol — 7 *gargouiller:* produire un gargouillement, c.-à-d. le bruit d'un liquide ou d'un gaz dans la gorge ou dans l'estomac — 8 **lugubre:** sinistre (ant. gai) — 9 **énervé, e:** nerveux, excité — 10 *la gambade:* cabriole, mouvement vif — 11 *folâtrer:* jouer, s'agiter de façon légère — 12 **les intestins** (n. m. pl.): organes contenus dans le ventre (estomac, foie ...) — 13 **barrer le passage:** couper le passage

adossa[1] doucement sa canne[2] sur la boue craquelée[3] du mur. Ses jambes, ses braves jambes élançaient[4] impitoyablement[5]. Il les soulagea[6] de la protection douloureuse[7] de deux souliers[8] ricanant[9] de vieillesse, puis les détendit[10], faisant détoner[11] les articulations[12] de ses genoux. Ses rhumatismes se portaient bien, malédiction[13]! il racla[14] d'un doigt expert les gouttes de sueur qui mouillaient son front et en aspergea[15] le sol.

Sa femme vint dans la cuisine où elle s'enfumait[16] assidûment[17] en surveillant une marmite[18]. Elle lui tendit une moitié de calebasse[19], d'une contenance[20] avoisinant[21] le demi-litre. Le récipient[22] était rempli d'une eau claire et fraîche. Il rendit l'écuelle[23] presque sèche. Depuis qu'il était là, il n'avait ouvert la bouche que pour se désaltérer[24], mais toute vieille femme connaît son vieil époux[25]. Elle alla ranger l'écuelle[23] et revint s'asseoir sur un minuscule banc à ses pieds.

— Alors tu l'as retirée?
— Avec les hommes qui nous servent? Je ne sais pas qui nous a légué[26] de tels bourreaux[27]. Une vraie punition.

---

1 **adosser:** appuyer contre — 2 *la canne:* morceau de bois qu'on utilise en marchant — 3 *craqueler:* aufplatzen, rissig werden — 4 **élancer:** se lancer en avant — 5 **impitoyable:** sans pitié — 6 **soulager:** faire disparaître, libérer — 7 **douloureux, se:** ce qui cause la douleur, ce qui fait mal — 8 *le soulier:* la chaussure — 9 *ricaner:* rire à demi de façon méprisante ou sarcastique — 10 **détendre:** faire cesser l'état de tension, reposer — 11 *détoner:* exploser avec bruit — 12 **l'articulation** (n. f.): (ici) das Gelenk — 13 *malédicition* (n. f.): (ici) exclamation comme ‚verdammt' en allemand — 14 *racler:* frotter rudement — 15 *asperger:* projeter un liquide en forme de pluie sur qqch. — 16 *s'enfumer:* se mettre en fumée — 17 **assidûment** (adv.): constamment présent — 18 *la marmite:* grand pot — 19 **la calebasse:* die Kalebasse — 20 *la contenance:* la calebasse contient un demi-litre — 21 **avoisinant, e:** à peu près (cf. le voisin) — 22 **le récipient:** objet creux pouvant contenir des produits, liquides et solides — 23 *l'écuelle* (n. f.): sorte d'assiette large et creuse, (ici) syn. de récipient — 24 **se désaltérer:** ôter la soif, boire — 25 **l'époux** (n. m.), **l'épouse** (n. f.): le mari, la femme — 26 *léguer qqch.:* (ici) donner — 27 *le bourreau:* celui qui exécute la peine de mort, (ici) personne qui martyrise les autres

— Le pourboire[1]...

— Ils n'auront rien. Moi cependant[2], j'aurai ma carte d'identité.

— Comment ça?

— Qui a jamais souffert l'amertume[3] d'une kola[4] alors qu'il avait du sel dans sa poche? Le vieillard avait un air rusé[5] et farouchement[6] résolu.

Un silence.

Il lança un bref regard à son épouse[7], toujours assise. «J'attends que le manioc[8] ait refroidi» fut la réponse. Elle savait tout ce qu'il lui fallait, au moment où il le lui fallait. «Je viens de l'enlever du feu.»

— Où est Ana?

— Elle est partie se faire tresser[9] les cheveux.

Elle fronça les sourcils[10]. Elle l'avait enfin compris, mais elle n'en laissa rien paraître. Ruse[11] de femme.

— Quand elle reviendra, dis-lui de venir me voir.

Il eut sa carte d'identité, mais il n'avait fait que troquer[12] ses tracas[13] contre les assiduités[14] d'un ngomna[15]. Le bénéfice[16] qu'il y a à avoir une fille jolie.

Ana se demandait avec désespoir[17] ce qu'elle avait fait à Dieu pour mériter[18] la cour[19] de ce gnome adipeux[20] qui trottinait[21] toujours loin derrière sa paroi abdominale[22]. Son père l'avait amenée[23] pour qu'elle retire sa carte d'identité.

---

1 **le pourboire**: somme laissée volontairement en plus du prix, ou pour obtenir un service — 2 **cependant**: mais, toutefois, pourtant — 3 **l'amertume** (n. f.): ant. la douceur — 4 *la kola*: die Kolanuß — 5 **rusé, e**: est rusé celui qui cherche à tromper les autres — 6 **farouche**: violent — 7 **l'épouse** (n. f.): la femme — 8 *le manioc*: der Maniok — 9 *tresser les cheveux*: die Haare flechten — 10 **froncer les sourcils**: faire bouger les sourcils (et le front) pour exprimer sa mauvaise humeur ou sa colère — 11 **la ruse**: art de dissimuler, de tromper — 12 *troquer*: échanger — 13 *le tracas*: la difficulté, l'ennui — 14 **l'assiduité** (n. f.): (ici) présence continuelle — 15 *le ngomna*: expression au pays de l'auteur pour un administrateur, un fonctionnaire — 16 **le bénéfice**: l'avantage, le profit — 17 **le désespoir**: ant. l'espoir — 18 **mériter**: être digne de, avoir droit à — 19 **la cour**: (ici) les galanteries — 20 *adipeux, se*: gras — 21 *trottiner*: marcher à petits pas courts et pressés — 22 *sa paroi abdominale*: (ici iron.) son grand ventre — 23 **amener qqn**: mener qqn à un endroit

Le bonhomme[1] qui s'en occupait les avait froidement reçus. Il était de ceux dont le travail consiste à dire à tout le monde de repasser. Ana lui avait annoncé qu'elle ne se sentait point[2] une vocation[3] de blanchisseuse[4]. Elle fonça[5] chez le ngomna[6] lui-même lui signaler ce qui se tramait[7] dans son administration. Celui-ci sursauta[8] en la voyant, déglutit[9] à une vitesse électronique puis aboya[10] un ordre. Trois minutes plus tard, les vieilles jambes de Tchakarias étaient soulagées[11]. Elles n'allaient plus avoir à subir[12] l'impitoyable[13] torture[14] d'une route à arpenter[15] deux fois par jour en vain. Seulement, depuis ce jour-là, le ngomna[6] hantait[16] leur maison comme un vieux fantôme irrité[17] par les nouveaux locataires[18] de sa demeure[19].

Une malédiction[20]. Il était indécollable[21]. Ana avait beau s'absenter[22], disparaître, il était toujours là, tout en ventre et en crissements[23] secs, lesquels lui tenaient lieu de ricanement[24]. Son père recevait vin sur whisky, parfois du rhum et du gin. Sa mère disposait[25] déjà d'un tas de décamètres[26] de divers tissus pour robes et pagnes[27]. Curieusement, ni l'un,

---

1 *le bonhomme* (fam. et souvent péj.): quelqu'un — 2 *ne ... point* (littér.): ne ... pas — 3 *la vocation:* (ici) la destination (Bestimmung, Berufung) — 4 *la blanchisseuse:* (die Waschfrau) ici: jeu de mot avec les deux sens du verbe «repasser» — 5 *foncer:* aller très vite — 6 **le ngomna:* expression au pays de l'auteur pour un administrateur, un fonctionnaire — 7 *se tramer:* (ici) se passer (au sens péj.) — 8 **sursauter:** avoir un bref mouvement du corps involontaire et provoqué par la surprise — 9 *déglutir:* (ici) avaler la salive (schlucken) — 10 **aboyer:** (ici) crier comme un chien — 11 **soulager:** calmer, apaiser — 12 **subir:** supporter, souffrir de — 13 *impitoyable:* sans pitié — 14 *la* **torture:** die Folter — 15 *arpenter:* parcourir, marcher à grands pas — 16 *hanter:* (ici) fréquenter un lieu — 17 **irrité, e:** dérangé — 18 **le locataire:** on loue un appartement dont on est locataire — 19 *la demeure:* le domicile, la maison — 20 *la malédiction:* (ici) le malheur — 21 *indécollable:* qui ne peut se décoller — 22 **s'absenter:** quitter un lieu — 23 *le crissement:* cf. crisser = produire un bruit de frottement. Ex.: crisser les dents — 24 *le ricanement:* l'action de rire de façon méprisante — 25 **disposer de qqch.:** l'avoir, le posséder — 26 *le décamètre:* un décamètre = 10 mètres — 27 **le pagne:* vêtement africain (tahitien etc.) d'étoffe ou de feuilles qu'on ajuste autour des reins et qui sert de culotte ou de jupe

ni l'autre n'avaient encore rien bu, rien cousu. Personne ne faisait allusion[1] à la triste constance[2] de l'administrateur[3].

Beaucoup racontent qu'en pareilles occasions, les parents essaient toujours de forcer la fille à aller vers celui qui va leur apporter une dot[4] fastueuse[5].
— Tchakarias! depuis un temps, tu bois tout seul beaucoup de bon vin chez toi. Quelle est cette gourmandise[6] qui t'habite?
— Gourmandise[6]? De toutes les façons, as-tu déjà vu le talon[7] voyager devant la plante[8] du pied?
— Quoi?
— Et si jamais je devais rendre tout ce vin ... Ne dis surtout rien à personne.

La nuit était toute pointillée[9] de lucioles[10] batifolant[11] dans les ténèbres[12] dont elles détruisaient l'uniformité. Chacun dormait. Même les chiens n'aboyaient[13] point[14] après d'hypothétiques fantômes. Le vent avait lui aussi tu son babil[15] dans les arbres. Quelques grillons[16], magnifiques d'insolence[17], crissaient[18] dans les herbes et les trous des murs.

Le sommeil avait bâillonné[19] les bruits, sauf peut-être les ronflements[20] de Tchakarias l'ancien. Avez-vous jamais essayé de dormir sous les mêmes draps qu'un groupe

---

1 *faire allusion à:* Anspielungen machen — 2 *la constance:* la permanence — 3 *l'administrateur* (n. m.): (ici) le fonctionnaire — 4 *la dot:* bien qu'une femme apporte en se mariant — 5 *fastueux, euse:* riche — 6 **la gourmandise:** défaut de celui qui est gourmand (une personne qui aime manger et boire beaucoup) — 7 **le talon:** partie postérieure du pied (aussi: der Absatz) — 8 **la plante du pied:** face inférieure du pied — 9 **pointillé, e:** gepunktet — 10 *la luciole:* das Johanniswürmchen — 11 *batifoler:* (ici) s'amuser — 12 *les ténèbres* (n. f. pl.): le noir, l'obscurité — 13 **aboyer:** (ici) les chiens aboient pour montrer leur joie ou leur rage — 14 *ne ... point* (littér.): ne ... pas — 15 *le babil:* (ici) le murmure — 16 *le grillon:* die Grille — 17 **l'insolence** (n. f.): cf. insolent, e, impertinent. Est insolent celui qui manque de respect — 18 *crisser:* produire un bruit de frottement; ex. crisser les dents — 19 *bâillonner* (fig.): réduire en silence — 20 **le ronflement:** cf. ronfler, c.-à-d. faire du bruit en respirant quand on dort

électrogène¹ en accélération constante? Non, n'est-ce pas? Dommage, car vous auriez compris le problème de sa femme laquelle, après s'être tournée et retournée une douzaine de fois, tentait, en pinçant les côtes de son mari et en lui tiraillant² la moustache, de le réveiller pour qu'elle pût aussi avoir accès³ à sa part de sommeil. En vain. Mais Dieu veillait⁴ et, par un de ces miracles qui ont fini par devenir banals, lui permit quand même de s'assoupir⁵, bercée⁶ par le tyrannique et nasillard⁷ ronflement⁸.

Maintenant, on pouvait affirmer sans crainte⁹ que le calme régnait, même si le silence n'arrivait pas à s'imposer¹⁰, et l'on imaginait mal ce qui pouvait venir le rompre. Cependant¹¹ la réalité dépasse¹² toujours de loin la fiction. Les contemporains¹³ de Galilée¹⁴ n'auraient jamais pu supposer que les grotesques élucubrations¹⁵ de celui-ci pourraient un jour se vérifier. Pourtant et malgré eux, la terre est ronde et pousse l'audace¹⁶ jusqu'à tourner sur elle-même et autour du soleil sans avoir le vertige¹⁷. Il y a quelque temps, seuls les lunatiques¹⁸ prétendaient qu'on pouvait aller sur la lune. De quel œil regarderait-on Neil Armstrong¹⁹ si, empruntant la machine à remonter le temps²⁰, il allait au XVᵉ siècle raconter qu'il avait foulé²¹ l'astre²² des nuits de ses pieds. Et

---

1 *le groupe électrogène:* ensemble formé par un moteur et un système dynamo-électrique — 2 *tirailler:* tirer à plusieurs reprises, en diverses directions — 3 **avoir accès à:** pouvoir entrer dans — 4 **veiller:** faire attention, prendre soin de — 5 **s'assoupir:** s'endormir doucement — 6 *bercer:* on berce les bébés pourqu'ils s'endorment — 7 *nasillard, e:* näselnd — 8 **le ronflement:** cf. ronfler, c.-à-d. faire un bruit en respirant quand on dort — 9 **la crainte:** la peur — 10 *s'imposer:* (ici) régner — 11 **cependant:** mais, toutefois, pourtant — 12 **dépasser de loin:** aller plus loin — 13 **le contemporain:** celui qui vit à la même époque — 14 *Galilée:* astronome italien (1564–1642) — 15 *l'élucubration* (n. f.): das Hirngespinst — 16 **l'audace** (n. f.): le courage — 17 **le vertige:** sensation de déséquilibre que donne le vide, la hauteur — 18 *le lunatique:* der Mondsüchtige — 19 *Neil Armstrong:* cosmonaute américain qui fut le premier homme à marcher sur le sol lunaire (1969) — 20 *la machine à remonter le temps:* machine pour arriver à toutes les époques du passé et de l'avenir (Zeitmaschine) — 21 *fouler:* marcher dessus — 22 *l'astre des nuits:* la lune

ne croyez point¹ à l'impossibilité d'une pareille conversation. La machine à remonter le temps² est déjà peut-être près d'être inventée. Qui vous dit que le génie qui la découvrira n'est pas encore né? Si l'on imaginait donc mal ce qui allait rompre le calme dans la maison de Tchakarias par une nuit si tranquille, la réalité une fois de plus fut imprévue. Dans un vacarme³ épouvantable, le lit d'Ana se brisa⁴ net⁵.

— Tchakarias, Tchakarias, il se passe des choses étranges dans ta maison.

— Quelles choses étranges?

— Ces derniers temps, il y avait une voiture qui s'arrêtait toujours devant ta maison. Il en sortait un homme, grand dans ce pays, à en juger par son ventre, lequel le précédait⁶ toujours de loin, où qu'il aille. Cet homme, c'est notre grand Chef⁷, dit-on. Il te gardait toujours à boire. Mais j'ai toujours attendu, en vain, l'enfant qui devait venir m'appeler. Maintenant, cet homme ne vient plus. As-tu bu tout son vin? Qu'as-tu à reprocher à tout le village, car personne ne reconnaît avoir bu la moindre⁸ goutte de toi.

— Qui vous dit que moi-même, j'ai bu ces bouteilles?

— Tu en as fait des suppositoires⁹ alors! tu devais être bien malade, tiens. Et tu nous as caché cette maladie! et quel guérisseur¹⁰ pour s'occuper de toi! le chef des chefs¹¹! noble, ventru¹²...

— Noble? Noble? Le corps et ses apparences¹³ sont parfois un fardeau¹⁴, me disait mon père.

— Quoi? Que dis-tu?

— Vous ne me demandez pas pourquoi ce bon docteur a cessé de venir lui et ses remèdes¹⁵?

---

1 *ne... point* (litter.): ne... pas — 2 *la machine à remonter le temps:* machine pour arriver à toutes les époques du passé et de l'avenir (Zeitmaschine) — 3 *le vacarme:* grand bruit — 4 *se briser:* se casser, s'écraser — 5 *net* (adv.): (ici) d'un seul coup, brusquement — 6 **précéder:** (ici) arriver avant — 7 **notre grand chef:* (ici) fonctionnaire important — 8 **la moindre:** la plus petite — 9 *le suppositoire:* das Zäpfchen — 10 **le guérisseur:* médecin traditionnel en Afrique — 11 **le chef des chefs:* expression pour indiquer une personne très importante — 12 *le ventru:* qui a un gros ventre (Bauch) — 13 **l'apparence** (n. f.): l'extérieur — 14 *le fardeau:* charge pesante — 15 **le remède:** le médicament

— Tu me devais une histoire si croustillante[1]? Tchakeli mon frère[2], dis vite, mes oreilles grelottent[3] d'impatience.

— Dire quoi? Les gens de ce village sont si menteurs qu'ils pourraient aller inventer n'importe quoi[4] pour attenter[5] à la réputation de leur ngomna[6]. Moi je préfère me taire.

— Douterais-tu de moi, fils de ma mère[7], moi qui suis comme les herbes qui bordent la route?

— As-tu une feuille de tabac, fils de ma mère[7]? Ma pipe va m'insulter, si elle continue à chômer[8].

Les herbes qui bordent la route n'ont jamais renseigné quelqu'un sur les passants, sur ce qu'ils disent, sur ce qu'ils font. Tchakarias (Tchakeli en diminutif) savait ce qu'il voulait. Après avoir aiguillonné[9] au maximum la curiosité de son interlocuteur[10], il savait qu'il obtiendrait facilement sa feuille de tabac. Maintenant, il regardait tranquillement l'autre fouiller ses poches d'une main fébrile[11]. Il attendit patiemment que la feuille ait changé de main et de propriétaire.

— C'est bien parce que tu es mon ventre que je te raconte cette histoire. Connais-tu l'histoire du bélier[12] chez sa fiancée[13]?

— Que veux-tu me raconter là? J'ai peur d'écouter la suite.

— Je t'ai dit que le corps et son apparence[14] sont parfois des fardeaux[15]. Mieux vaut les voir de loin. De près hum[16]!

---

1 *croustillant, e:* (knusprig) ici: amusant, piquant — 2 **Tchakali mon frère:* diminutif de Tchakarias. En Afrique, les époux sont regardés comme frère et sœur — 3 **grelotter:** trembler (à cause du froid ou de la fièvre) — 4 **n'importe quoi:** tout ce qui est possible et impossible — 5 **attenter à:** (ici) détruire — 6 **le ngomna:* expression au pays de l'auteur pour un administrateur, un fonctionnaire — 7 **fils de ma mère:* cf. Ann. 2 — 8 **chômer:** être sans travail — 9 *aiguilloner:* piquer, exciter (cf. l'aiguille) — 10 *l'interlocuteur* (n. m.), *l'interlocutrice* (n. f.): personne qui parle avec une autre — 11 *fébril, e:* (ici) excité, nerveux — 12 *le bélier:* der Widder — 13 *la fiancée:* die Verlobte — 14 **l'apparence** (n. f.): l'extérieur — 15 *le fardeau:* charge pesante — 16 *hum:* interjection qui exprime généralement la doute

Le bélier¹ voulait se marier. Ce n'était pas bien difficile pour lui de trouver une épouse². Il était jeune, vigoureux³, avec une barbe qui imposait⁴ le respect. La première chez qui il se présenta défaillit⁵ d'amour. Invité chez elle, il alla, l'optimisme au cœur. Il la trouva en train de faire la cuisine pour mieux recevoir son amoureux: plaisir de ventre entre pour beaucoup dans les raisons du cœur⁶. Elle avait fini de peler⁷ les plantains⁸ qu'elle était en train d'apprêter⁹ quand Bélier¹ était arrivé et, alla verser les peaux sur le dépotoir¹⁰. Oh, stupeur¹¹, horreur, gourmandise¹² et déception! Le bélier¹ avait bondi¹³ et savourait¹⁴ à même le dépotoir¹⁰ les peaux de banane¹⁵.

Quand il voulut revenir, la porte s'était refermée sur la fille, l'amour et ses rêves de mariage. Personne ne voulait de ce galant¹⁶ si beau, mais assez gourmand¹⁷ pour aller savourer¹⁴ les ordures. Le bélier¹ dut se contenter d'une brave brebis¹⁸, mais ça, l'histoire ne le dit pas.

— Aïe! Tchakeli. L'homme n'est vraiment beau que vu de loin. Il avait pourtant un ventre qui imposait le respect⁴, et, l'air d'un noble.

— Ce ventre n'est qu'un fardeau¹⁹.

— Mais enfin, Tchakeli, le fin mot de l'histoire.

— On ne va tout de même pas bavarder comme des femmes. Ma bouche ne finit pas. Goûte d'abord à cette kola²⁰ et assieds-toi mieux. Je crois avoir quelques gouttes

---

1 *le bélier*: der Widder — 2 *l'épouse* (n. f.): la femme — 3 **vigoureux, euse**: solide, robuste — 4 **imposer le respect**: contraindre à respecter — 5 *défaillir de qqch.*: perdre ses forces, s'évanouir à cause de qqch. — 6 *les raisons du cœur*: die Herzensangelegenheiten — 7 *peler*: ôter le poil, la peau (ex. peler un fruit) — 8 *le plantain*: der Wegerich — 9 **apprêter**: préparer — 10 *le dépotoir*: lieu où l'on dépose les ordures — 11 *la stupeur*: étonnement profond — 12 **la gourmandise**: défaut de celui qui est gourmand (une personne qui aime manger et boire beaucoup) — 13 **bondir**: sauter, se jeter — 14 *savourer*: manger avec plaisir — 15 **la banane*: en Afrique, il y a une sorte de banane qui est mangée comme un légume — 16 *le galant*: homme qui fait la cour à une femme — 17 **le gourmand**: celui qui mange beaucoup avec plaisir — 18 *la brebis*: femelle du bélier — 19 *le fardeau*: charge pesante (fig.: qui pèse: le fardeau des ans) — 20 **la kola*: die Kolanuß

de vin en plus. Ainsi raconte-t-on une histoire, en dégustant[1] une kola[2], sauf si on est une femme ou un Blanc. Ces deux variantes du genre humain[3] ignorent tout de l'art de savourer[4] une histoire, car ils n'en connaissent, ni les assaisonnements[5] (proverbes et devinettes[6]), ni les compléments (kola[2] et vin) et font courir leur langue comme une automobile, sans savoir en distiller[7] tout le plaisir sans faire durer le délice[8].

Nomo! les femmes t'égareront[9]-elles?
Nomo protesta.
Nomo, entretiendras[10]-tu tes fils?
Nomo l'affirma.
Nomo le vin t'égarera[9]-t-il?
Nomo protesta.
Nomo fructifieras[11]-tu ton héritage[12]?
Nomo, Nom' Ngah[13]!

Aux heures chaudes de la journée, après une dure matinée de labeur[14], Nomo sur son mvet[15], envolé par delà les nuages, à tire-d'aile[16] à travers les fantasmes, son esprit vagabondant inlassablement[17], libérait sa muse. Nomo chantait perpétuellement[18]. En brousse[19], un air[20] accompagnait sa machette[21], revigorant[22] celle-ci, dans son duel

---

1 *déguster:* boire et/ou manger avec grand plaisir — 2 **la kola:* die Kolanuß — 3 **le genre humain:** les hommes en général, l'humanité — 4 *savourer:* manger, (ici) écouter avec plaisir — 5 **l'assaisonnement** (n. m.): cf. assaisonner. Ex.: Cette salade n'a aucun goût, tu n'as pas oublié d'assaisonner? — 6 **la devinette:** poser une devinette, c'est poser une question amusante dont il faut deviner (trouver) la réponse — 7 *distiller:* (ici) extraire — 8 *le délice:* grand plaisir (cf. délicieux, euse) — 9 *égarer:* mettre hors du droit chemin, détourner — 10 **entretenir qqn:** faire vivre qqn — 11 *fructifier:* (ici) genießen — 12 **l'héritage** (n. m.): die Erbschaft — 13 **Nom' Ngah* (fang, langue des Beti, ethnie de l'Afrique de l'ouest): Nomo, n'est-ce pas — 14 *le labeur:* grand travail fatiguant — 15 **le mvet:* instrument de musique africain — 16 *à tire-d'aile:* rapidement, comme avec des ailes — 17 *inlassable:* infatigable, patient — 18 *perpétuel, le:* qui dure longtemps ou toujours — 19 **la brousse:* végétation sauvage en Afrique (Busch) — 20 **l'air** (n. m.): (ici) la mélodie — 21 *la machette:* grand couteau — 22 *revigorer:* redonner de la force

contre la brousse[1]. Nomo édifiait[2] une bananeraie[3] géante, comme un défi lancé[4] à tous ceux de son âge. Il avait quitté le collège quand la vie est belle et les bals enivrants[5]. Son père, conduit[6] trop tôt par une preste[7] maladie chez les ancêtres[8], lui avait légué[9] une brousse[1] vaste et inculte[10], quelques bonnes machettes[11], sa mère et sa belle-mère qui, coutumièrement[12], étaient considérées comme ses épouses[13]. Il était fils unique, et sa belle-mère ne lui avait donné que deux sœurs, ce que les Blancs, avec leur esprit mathématique, appellent demi-sœurs. C'est quand même scandaleux de fractionner[14] ainsi un parent, de le diviser en deux pour n'en garder qu'une moitié. C'étaient ses sœurs, deux charmants bouts de flammèches[15] toutes en mines[16], en gambades[17] et en bourdes[18]. Nomo chantait sa machette[11] et celle-ci mangeait la brousse[1] avec rage.

Au village, quand il se délassait[19], il prenait son mvet[20], le flirt le plus assidu[21] de son père, un instrument qu'il avait appris de celui-ci. Il chantait la chanson des héritiers[22], composée pour un lointain homonyme[23]. Il la chantait, et se promettait de tenir les serments[24] de celui-ci. Il se réfugiait[25] dans le rêve, pour étouffer[26] l'amertume[27] qui parfois l'assaillait[28].

---

1 *la brousse:* végétation sauvage en Afrique (Busch) — 2 *édifier:* (ici) construire et cultiver — 3 *la bananeraie:* plantation de bananes — 4 **lancer un défi:** provoquer — 5 **enivrant, e:** qui rend ivre (berauschen) — 6 *conduit, e:* (ici) mort, e — 7 *preste:* ant. lent — 8 *l'ancêtre* (n. m.): personne qui est à l'origine d'une famille — 9 **léguer:** donner par testament — 10 *inculte:* pas cultivé — 11 *la machette:* grand couteau — 12 *coutumièrement:* d'habitude — 13 **l'épouse** (n.f.): la femme — 14 *fractionner:* cf. la fraction, c.-à-d. la partie d'un groupe de personnes — 15 *la flammèche:* petite flamme, étincelle — 16 *en mines:* (ici) coquet — 17 *la gambade:* saut qui marque la gaité — 18 *en bourdes:* (ici) flatterhaft — 19 **se délasser:** se détendre, se reposer — 20 *le mvet:* instrument de musique africain — 21 *assidu, e:* (ici) régulier — 22 **l'héritier** (n. m.): der Erbe — 23 *l'homonyme* (n. m.): celui qui porte le même nom — 24 *le serment:* (ici) la promesse — 25 **se réfugier:** trouver un refuge, un abri — 26 *étouffer:* (ici) supprimer — 27 *l'amertume* (n. f.): (ici) le chagrin — 28 *assaillir:* attaquer brusquement

C'etait un pauvre hère[1] solitaire[2], trouvant ses cousins du village insupportables, ceux de la ville prétentieux[3], quand ils venaient en vacances. Quand il se sentait trop seul, il lisait tout ce qui lui tombait sous la main: journaux, déjà
5 anachroniques pour la plupart, romans policiers, d'espionnage, romans intellectuels, théories philosophiques, religieuses, pamphlets, bandes dessinées[4]. Tout ce qui lui tombait sous la main était dévoré[5].

Il travaillait autant, débroussaillant[6], aménageant[7], brico-
10 lant[8] pourvu qu'il fût occupé. Et il chantait, il chantait la nostalgie, le rêve, la joie, ce qui était rare, car il avait souvent le cœur lourd. Il lui manquait toujours quelque chose. C'était un trou dans son cœur, que comblait[9] parfois la musique, mais qu'elle creusait aussi, ainsi que ses lectures.
15 Parfois, il chantait ce trou, ce vide. Alors, ses lèvres étaient closes. Il mimait les sons en sourdine[10] et laissait ses doigts gambader[11] sur les cordes de son mvet[12].

Même sur ses palmiers, il chantait. Pas de ces airs[13] à la philosophie douteuse inspirée par cette muse qui somnole[14]
20 au fond de tout ustensile[15] contenant de l'alcool et que tous les malafoutiers[16] beuglent[17] au sommet de leurs palmiers. Il laissait couler sa mélancolie doucement à travers ses lèvres.

Puis un jour, une passante s'arrêta sous le manguier[18] à l'ombre duquel il jouait, étendu sur la longue chaise en
25 peau d'antilope de son père. Elle voulait de l'eau. Il héla[19] l'une de ses petites sœurs, et lui commanda de l'eau à boire. Puis il s'absenta de nouveau de l'actuel, s'enfonça dans ce trou qui béait[20] dans son esprit. Ses doigts enchantés

---

1 *le hère:* homme misérable, pauvre — 2 *solitaire:* qqn qui se sent seul — 3 **prétentieux, euse:** vaniteux, orgueilleux — 4 **les bandes dessinées:** die Comics — 5 *dévorer:* manger avec avidité — 6 *débroussailler:* éclaircir — 7 **aménager:** arranger (p. ex. les meubles dans une maison) — 8 **bricoler:** s'occuper en amateur de petits travaux (réparations etc.) — 9 *combler:* boucher (cf. le bouchon) — 10 *en sourdine:* discrètement, secrètement (cf. sourd) — 11 *gambader:* sauter — 12 **le mvet:* instrument de musique africain — 13 **l'air** (n. m.): (ici) la mélodie — 14 **somnoler:** dormir à moitié — 15 *l'ustensile* (n. m.): instrument d'usage très courant — 16 *le malafoutier:* (ici) le bon à rien — 17 *beugler:* les brebis beuglent — 18 **le manguier:* arbre de mangue (mangue = Mangofrucht) — 19 *héler:* (ici) appeler — 20 *béer:* être grand ouvert

trayaient[1] de son instrument une mélodie incroyablement belle. Les fillettes, qui se disputaient[2] plus âprement[3] que deux coépouses[4], ne se pressaient pas. Il gronda[5], voulut y partir. La passante l'arrêta.

5 «Oh! continue à jouer plutôt.»

Il leva les yeux. Elle paraissait transfigurée[6] et ses yeux brillaient. Il sentit quelque chose fondre[7] insensiblement dans un lointain recoin[8] de son âme[9]. Elle était jolie, jolie. Mais il ne put satisfaire le vœu[10] de la passante; sa mère lui
10 apportait à manger. Il demanda un siège[11] pour la fille, qui, puisque le repos l'avait trouvée là, devenait son invitée.

Les cheveux d'Ana formaient maintenant une architecture arachnéenne[12] sur son crâne[13]. Les doigts de la doyenne[14] du village avaient cessé de les parcourir[15], les
15 vieux doigts noueux[16] et tordus[17] qui avaient dressé ce système si fragile, si éphémère[18] mais si beau, si beau. L'aïeule[19], la fille ne savait trop pourquoi, avait décidé de lui construire la coiffure[20] des favorites, celle qui, dans un harem de cent épouses[21], éclipsait[22] les charmes et les
20 sortilèges[23] de quatre-vingt-dix-neuf jalouses[24] pour concentrer l'attention du mari sur une seule tête. Elle avait incorporé[25] aux tresses[26] des cauris[27], des graines sauvages[28]

---

1 *traire:* tirer — 2 **disputer:** quereller, bagarrer — 3 **âprement:** avec violence — 4 **la coépouse:* dans les sociétés polygames, une des femmes d'un homme — 5 **gronder:** faire des reproches — 6 *transfigurer:* (ici) embellir — 7 **fondre:** passer de l'état solide à l'état liquide — 8 *le recoin:* petit coin caché — 9 *l'âme* (n. f.): die Seele — 10 **le vœu:** le souhait — 11 **le siège:** meuble pour s'asseoir — 12 *arachnéen, éenne:* léger comme la toile d'araignée (Spinne) — 13 **le crâne:** partie osseuse de la tête, (fam.) la tête — 14 **la doyenne:* cf. le doyen / (ici) personne la plus âgée — 15 *parcourir:* (ici) traverser dans divers sens — 16 *noueux, euse:* knotig — 17 *tordu, e:* courbé — 18 *éphémère:* fragile — 19 *l'aïeul* (n. m.), *l'aïeule* (n. f.): personne âgée — 20 **la coiffure:** cf. se coiffer / se peigner — 21 **l'épouse** (n. f.): la femme — 22 *éclipser:* (ici) surpasser, être plus grand — 23 *le sortilège:* (ici) le charme — 24 **jaloux, ouse:** eifersüchtig — 25 *incorporer:* (ici) mélanger — 26 *la tresse:* der Zopf — 27 **le cauri:* petit coquillage qui sert de bijou; qui a servi de monnaie dans quelques sociétés africaines — 28 **sauvage:** le lion est une bête sauvage

rondes, sèches, noires et lustrées[1], de petis bouts de bois noirs eux aussi, dont elle s'était servie elle-même du temps où elle était encore la reine[2] de cœur. Tout ceci servait d'étai[3] et de décoration dans cette construction artistique.

5 Quand elle revint à la maison, le ngomna[4] était là. Il avala précipitamment une grande gorgée[5] de salive[6]. Il connaissait cette ancienne coiffure[7]. Il savait qu'elle appelait l'amour de l'élu, qu'elle était un oui et un viens. Surtout, Ana souriait angéliquement[8]. Elle lui dit bonjour, entra dans sa chambre,
10 mit une jolie robe, enfila[9] des sandales et ressortit. Il ne devait plus la revoir de la soirée.

Nomo jouait, plus mélancoliquement que jamais. Son mvet[10] pleurait les larmes[11] que ses yeux retenaient. Les cordes[12] disaient dans leur langue ce que son âme[13] souffrait.
15 Nomo creusait dans son cœur et chaque note disait ce qu'il y trouvait. Deux mains douces, gentilles, lui fermèrent les yeux. Mais il pouvait jouer les yeux fermés. Il continua quelques secondes, et, sans s'arrêter, prononça un nom, deux syllabes exhalées[14] dans un soupir[15] musical et plain-
20 tif[16], ce qui, à ce moment, revenait à la même chose:
«Ana».
Un rire cirstallin[17] lui répondit.
Elle se mit devant lui, et il ne put cacher sa surprise.
«Merveilleux.»
25 Il avait arrêté la musique. Elle protesta:
— Tu ne joues plus? C'était si beau tout à l'heure. Il faudra faire un disque.

---

1 *lustré, e:* brillant — 2 **la reine:** die Königin — 3 *l'étai* (n. m.): (ici) l'appui, le soutien — 4 **le ngomna:* expression au pays de l'auteur pour un administrateur, un fonctionnaire — 5 **la gorgée:** quantité de liquide qu'on avale en un seul mouvement — 6 *la salive:* liquide qui se trouve dans la bouche (Spucke) — 7 **la coiffure:** cf. se coiffer / se peigner — 8 *angéliquement:* comme un ange (Engel) — 9 **enfiler** (un vêtement): le mettre assez rapidement — 10 **le mvet:* instrument de musique africain — 11 **la larme:** liquide qui coule des yeux quand on pleure — 12 **la corde:** le violon, la guitare ont des cordes — 13 *l'âme* (n. f.): die Seele — 14 *exhaler:* (ici) exprimer — 15 **le soupir:** cf. soupirer/respirer de manière assez forte pour exprimer un sentiment — 16 *plaintif, ive:* cf. se plaindre/être mécontent, protester — 17 *cristallin, e:* très clair

— Et tu seras sur la pochette[1], avec cette coiffure[2], en illustration.

— Joue donc quelque chose pour ma coiffure[2].

A la joie du jeune homme, le fidèle instrument répondit un instant, puis recommença à se plaindre pour s'arrêter net[3].

— Qu'y a-t-il? sursauta[4] la fille qui dégringolait[5] brusquement de son enchantement[6]. Nomo coupa:

— Je jouerai quand tu te coifferas pour moi tout seul.

— Mais . . . mais c'est pour toi que je . . . Oh! comment peux-tu dire ça?

— Parce que je sais que moi, n'étant pas ngomna[7], je ne mérite pas ces honneurs[8]!

— Quel ngomna[7]? Mais il n'est rien pour moi! Je l'ai même fui pour venir ici chez toi. Il ne faut pas croire que . . . Comment peux-tu dire cela?

Les termites adorent la moelle[9] tendre des branches de raphia[10], mais sont rebutés[11] par leur dure écorce[12]. Ces branches donnent un bambou léger et résistant, dont on fait beaucoup de meubles. Quand les termites s'attaquent à ces meubles, ils vous les mangent sans que vous vous en rendiez compte. Ils dégustent[13] votre lit, votre fauteuil ou votre étagère[14] sous votre nez en prenant la précaution de laisser l'écorce[12] du bambou intact, ce qui préserve[15] les apparences[16]. Le lit d'Ana avait subi le même sort, mais résistait encore, étant habitué à supporter les poids de la

---

1 *la pochette:* die Schallplattenhülle — 2 **la coiffure:** cf. se coiffer/se peigner — 3 **net** (adv.): d'un seul coup, brusquement — 4 **sursauter:** (ici) dire brusquement — 5 **dégringoler** (fig.): descendre très rapidement — 6 *l'enchantement* (n. m.): cf. enchanté/satisfait, content — 7 **le ngomna:* expression au pays de l'auteur pour un administrateur, un fonctionnaire — 8 **l'honneur** (n. m.): (ici) signe de considération — 9 *la moelle:* substance molle et grasse de l'intérieur des os (Mark) — 10 **le raphia:* palmier d'Afrique et d'Amérique équatoriale (Raphia) — 11 *rebuter:* (ici) dégoûter — 12 *l'écorce* (n. f.): enveloppe d'un tronc d'arbre et de ses branches — 13 *déguster:* boire et/ou manger avec grand plaisir — 14 **l'étagère** (n. f.): meuble de rangement composé de plusieurs planches — 15 **préserver:** conserver, garder — 16 **l'apparence** (n. f.): cf. apparent, ce qui est visible

fille. Aussi[1] céda-t-il brusquement lorsqu[2]'il reçut un autre poids en plus.

Nomo n'était pas fier de lui. Il était convaincu, avant la visite d'Ana, que celle-ci était déjà fiancée[3] au ngomna[4]. Aucun doute. Celui-ci avait les honneurs[5], une voiture, de l'argent, beaucoup de titres et une première femme, ce qui laissait supposer que la fille avait été alléchée[6]. Il n'avait pas un meilleur choix à lui proposer: pauvre paysan, encore en train de bâtir ses plantations, se contentant du maigre pécule[7] que lui rapportait son dos courbaturé[8] par le cerceau[9] avec lequel il grimpait à ses palmiers. Il n'avait pour elle qu'un rôle de paysanne, qui n'aurait ni boy[10] ni voiture, devrait aller aux champs, à la rivière, dans la forêt, essuyer ses sautes[11] d'humeur. Elle n'aurait même peut-être plus le temps d'écouter cette musique dont elle raffolait[12]. Nomo avait douté[13] d'Ana. Elle lui avait fait serment[14] sur serment[14]. Il lui avait demandé une preuve. Aussi[1] se retrouvait-il avec elle dans sa chambre, à un bosquet[15] et une rivière de son village.

Nomo était malheureux, car il croyait avoir ébouriffé[16] Ana. Il avait douté de celle qui était pelotonnée[17] là dans un drap délavé[18] et rapetassé[19]. Pouvait-il reculer[20]? Il soupira[21] et se laissa tomber dans le lit ce qui, dans un bruit épouvantable, le brisa net[22]!

---

1 **aussi:** (ici) c'est pourquoi – 2 **lorsque:** quand – 3 *se fiancer:* on se fiance avant de se marier – 4 **le ngomna:* expression de l'auteur pour un administrateur, un fonctionnaire – 5 *l'honneur* (n. m.): (ici) signe de considération – 6 *allécher:* attirer qqn par la promesse de quelque plaisir – 7 *la pécule:* somme d'argent économisée peu à peu – 8 *courbaturé, e:* cf. la courbature/sentiment de fatigue après un travail dur – 9 *le cerceau:* der Reif, der Bügel – 10 **le boy:* jeune domestique indigène – 11 **la saute:** cf. sauter – 12 **raffoler:** aimer à la folie, adorer – 13 **douter de qqn:** ne pas avoir confiance – 14 *le serment:* der Schwur – 15 *le bosquet:* petit bois – 16 *ébouriffer:* relever en désordre (les cheveux) – 17 *se pelotonner:* sich zusammenrollen – 18 *délavé, e:* décoloré, pâle – 19 *rapetasser:* raccommoder (flicken) – 20 **reculer:** aller en arrière – 21 **soupirer:** pousser un bruit qui marque un sentiment de soulagement ou de difficulté – 22 **net** (adv.): d'un seul coup, brusquement

— Que se passe-t-il ici?

Tchakeli et sa femme étaient accourus¹ au triple galop.

— Mon lit s'est écroulé²!

Ana pleurnichait³ d'angoisse.⁴ Son père vérifiait les structures du meuble. Complètement détériorées⁵. Elle était seule, enveloppée dans son drap.

— Ah! ces termites. Mais pourquoi ne se cassait-il pas avant?

— Je ne sais pas.

Son cœur s'emballait⁶. Elle redoutait⁷ l'enquête⁸.

— Bon, on verra demain. Arrange ton matelas⁹ sur le sol.

— Et voilà que les moutons eux aussi s'en mêlent¹⁰. Qu'ont-ils à s'agiter¹¹ comme ça?

Ils s'agitaient¹¹ parce qu'un drôle d'animal leur était tombé dessus d'une fenêtre ouverte et refermée dans un éclair¹². A quatre pattes, il s'était mêlé¹³ à eux. Mais pourtant, il ne leur ressemblait pas. Ce mouton avait plutôt l'allure¹⁴ d'un primate hominien¹⁵, et présentait très peu d'affinités¹⁶ avec la race ovine¹⁷. On aurait dit après observation un homo sapiens mâle¹⁸ et de race négroïde. Affolés¹⁹ par cet étranger, les moutons, que rien n'entravait²⁰ — c'était la saison sèche, et l'herbe étant rare, on avait lâché les bêtes pour qu'elles aillent pâturer²¹ librement — esquissèrent²² un trot pour s'en éloigner. L'autre, toujours à quatre pattes, suivit le mouvement. Ils s'arrêtèrent. L'hominien¹⁵ fit de même. Les animaux recommencèrent, intrigués²³ par ce

---

1 **accourir**: aller en se pressant — 2 **s'écrouler**: subir une destruction, s'effondrer — 3 *pleurnicher*: pleurer sans raison exacte, larmoyer — 4 **l'angoisse** (n. f.): grande peur — 5 **détériorer**: démolir, mettre en mauvais état — 6 **s'emballer**: être emporté par un sentiment (de peur, de joie etc.) — 7 **redouter**: craindre, avoir peur — 8 **l'enquête** (n. f.): l'action d'examiner un problème, un crime etc. — 9 *le matelas:* die Matratze — 10 **se mêler de qqch.**: s'occuper de — 11 **s'agiter**: bouger — 12 **l'éclair** (n. m.): cf. éclairer/donner de la lumière — 13 **se mêler**: se joindre — 14 **l'allure** (n. f.): l'aspect, l'apparence — 15 *le primate hominien:* (ici) l'homme — 16 *l'affinité* (n. f.): la ressemblance, la parenté — 17 *la race ovine:* die Rasse der Schafe — 18 **mâle**: masculin — 19 **s'affoler**: devenir fou — 20 **entraver**: freiner, gêner — 21 *pâturer*: paître (weiden) — 22 *esquisser*: (ici) commencer à faire — 23 **intriguer qqn**: le rendre perplexe, l'étonner

bipède[1] qui s'acharnait[2] à devenir quadrupède[3]. Il persista[4] à obéir aux évolutions[5] du troupeau. A ce moment, la porte s'ouvrit sur la mère d'Ana qui vociférait[6].
— Sales bêtes, allez-vous vous tenir tranquilles?
5 Et pour les inciter[7] sans doute au calme, elle ponctua[8] sa question d'un projectile qui avait tout d'un caillou et rien d'interrogatif[9]. Les animaux qui voient dans l'obscurité[10] mieux que nous s'écartèrent, et celui qui, à quatre pattes, se demandait désespérément comment devenir momentané-
10 ment mouton reçut la pierre — elle était grosse comme un poing — dans les côtes.
— Ouaille[11]! je suis mort, hurla-t-il.
Celle de la femme fut imprévue[12]. Elle détala[13] dans la maison en piaillant[14]:
15 — Tchakeli! Tchakeli! il y a un mouton qui parle là-dehors. Sorcellerie, sorcellerie[15]!
— Cesse de raconter des âneries[16], la rabroua[17] son vieux mari.
— Mais je lui ai lancé un caillou, et il a gémi[18] et parlé.
20 C'est la vérité.
Elle s'agitait[19] nerveusement, bégayant[20] et tremblant, comme mue[21] par une onde[22] électrique mal réglée.
— Bon, bon, j'y vais.
Et il prit sa canne[23] d'une main, sa lampe de l'autre, en

---

1 *le bipède:* un être qui marche sur deux jambes — 2 **s'acharner à:** s'obstiner à. Ex.: Tu t'acharnes à faire le contraire de ce que je te dis — 3 *le quadrupède:* cf. le bipède (Ann. 1) — 4 **persister:** continuer — 5 *l'évolution* (n. f.): (ici) le mouvement — 6 *vociférer:* parler en criant et avec colère — 7 **inciter qqn à qqch.:** pousser à — 8 *ponctuer:* (ici) renforcer — 9 *d'interrogatif:* d'une question — 10 **l'obscurité** (n. f.): cf. obscur, e/où il n'y a pas de lumière — 11 *ouaille!:* Au! — 12 **imprévu, e:** inattendu — 13 *détaler:* s'en aller au plus vite — 14 *piailler:* crier, protester — 15 *la sorcellerie:* cf. le sorcier, la sorcière/personne qui pratique une magie de caractère primitif et secret — 16 **l'ânerie** (n. f.): die Eselei — 17 *rabrouer:* (ici) répondre avec rudesse — 18 *gémir:* lamenter, se plaindre — 19 **s'agiter:** bouger — 20 *bégayer:* parler avec difficulté en hésitant et en répétant certaines syllabes — 21 *mu, e:* agité — 22 *l'onde* (n. f.) *électrique:* der Stromstoß — 23 *la canne:* morceau de bois qu'on utilise en marchant

homme qui ne tremble jamais au seul bruit du passage d'un éléphant. Il obéissait ainsi à la devise de sa tribu[1].
— Reste, tu vas mourir, c'est un sortilège[2].

La vieille frôlait[3] l'hystérie. Elle s'accrochait à son mari
5 comme sur une bouée de sauvetage[4]. L'élu[5] de son cœur se dégagea doucement. Elle hoqueta[6], l'imagination enfiévrée[7] par l'image de nombreuses chimères, toutes suffisamment effrayantes[8] pour la faire trembler de peur.

Précautionneusement[9], le vieil homme ouvrit la porte. Il
10 n'avait pas peur, mais prudence n'est pas lâcheté[10]. Il avança la lampe. Les fantômes, leurs associés et leurs incarnations[11] n'aiment pas la lumière, surtout les lumières chaudes. C'est pourquoi ils ne s'exhibent[12] que la nuit, dans le noir ou sous la clarté froide de la lune. S'il y en avait un, il allait réagir.
15 Rien ne se passa. Il avança dans la cour. A quelques mètres devant lui, une forme se tordait[13] sur le sol.
Tchakarias sursauta[14]. Il savait que, quand quelqu'un qui, à des fins[15] magiques, s'est transformé en animal meurt, il reprend sa forme humaine. Peut-être que sa femme n'avait
20 pas eu tort après tout. Il s'approcha d'un pas hésitant. Ce pouvait être une feinte[16]. Sa main se resserra[17] sur sa canne[18]. La forme était un jeune homme dont le visage, beau et sympathique, se contractait[19] sous une douleur[20] intense[21]. Il était plutôt pathétique.
25 — Fils, fils, que t'arrive-t-il?

---

1 *la tribu:* groupe social et politique fondé sur une parenté ethnique — 2 *le sortilège:* action, influence qui semble magique — 3 **frôler** (fig.): toucher à peine — 4 *la bouée de sauvetage:* Rettungsring — 5 *l'élu* (n. m.): personne que le cœur choisit — 6 *hoqueter:* cf. le hoquet (Schluckauf) — 7 *enfiévré, e:* (ici) provoqué par une fièvre — 8 **effrayant, e:** terrible — 9 *précautionneux, euse:* prudent — 10 **la lâcheté:** ant. le courage — 11 *l'incarnation* (n. f.): cf. incarner/se présenter sous une forme matérielle et sensible — 12 *s'exhiber:* se montrer au public — 13 *se tordre:* sich winden — 14 *sursauter:* sauter — 15 *la fin:* (ici) le but — 16 *la feinte:* cf. feindre, faire semblant de — 17 **se resserrer:** cf. serrer — 18 *la canne:* morceau de bois qu'on utilise en marchant — 19 *se contracter:* se déformer — 20 **la douleur:** sensation pénible — 21 **intense:** fort, violent

Nomo lui révéla[1] la stricte vérité. Quand, après s'être écorché[2] mains et genoux à essayer de galoper de gauche à droite à quatre pattes avec un troupeau de moutons, on reçoit dans les côtes, à l'endroit du foie[3], un caillou qui vous laisse sur le tapis, on n'a pas le temps d'extraire[4] des tiroirs de son imagination le dossier sur les mensonges à servir à un presque beau-père[5] en cas d'imprévu. Et puis, il lui rebutait[6] toujours de mentir.

— Va rejoindre celle avec qui tu m'as démoli un lit tout à l'heure et tenez-vous tranquilles, que l'on puisse enfin dormir.

Il alla retrouver Ana transie[7] de peur et de honte. Celle-ci lui dédia[8] un pauvre sourire, péniblement extirpé[9] des émotions qui brutalisaient[10] son cœur depuis un moment. Elle avait suivi avec angoisse[11] les mésaventures[12] de Nomo, et était agréablement surprise de la tournure des événements.

— Tchakeli, tu ne vas tout de même pas admettre[13] qu'un inconnu ...

— Je l'ai reconnu. Son père fut de mes amis. Et lui, on en dit beaucoup de bien: sérieux, bonne machette[14], quoiqu'un peu lunatique[15].

— Mais Ana est encore une petite ...
— Elle t'a dit qu'elle était encore une gamine[16]? Sais-tu seulement depuis combien de temps ce type vient dormir là? De toutes les façons, un scandale n'a jamais servi la réputation d'une fille à marier. Et celui-ci, on devrait l'éviter, car je crois ce jeune homme honnête.

---

1 **révéler qqch.:** faire connaître ce qui était secret — 2 *écorcher:* blesser superficiellement la peau — 3 **le foie:** un des organes qui servent à la digestion (Leber) — 4 *extraire:* (ici) tirer — 5 **le beau-père:** (ici) le père d'une personne qu'on épouse — 6 *rebuter:* (ici) déplaire — 7 *transi, e de qqch.:* (ici) saisi de qqch. — 8 *dédier:* (ici) donner, manifester — 9 *extirper:* arracher de — 10 **brutaliser:** brusquer — 11 **l'angoisse** (n. f.): grande peur — 12 **la mésaventure:** ant. l'aventure — 13 **admettre:** tolérer, supporter — 14 **bonne machette:* (ici) se dit de qqn qui travaille bien (avec une machette p. ex.) — 15 *lunatique:* (ici) capricieux, extravagant — 16 **la gamine / le gamin** (fam.): l'enfant

— Mais tu n'en sais rien! et puis, il y a le ngomna[1]!

— Celui-là, il ne m'a jamais considéré comme un homme, comme un aîné, sinon, m'aurait-il laissé trimbaler[2] deux bonnes semaines à arpenter[3] sous le soleil un dur chemin pour un bout de papier? Mais il a vu Ana. C'est par elle, pour elle que j'ai une quelconque importance à ses yeux. Mais moi vivant, il n'épousera[4] pas ma fille. Je ne suis rien pour lui, alors pourquoi mon sang acquerrait[5]-il une certaine valeur? L'éléphant fait troupeau avec les éléphants, le buffle avec les buffles. Il n'est pas de ma caste. Pourquoi m'allierais[6]-je avec lui?

— Alors, comment le lui expliquer? On ne va tout de même pas l'éconduire[7] brutalement.

— Après avoir eu peur d'un garçon que tu as d'ailleurs failli assassiner[8], aurais-tu peur du ngomna[1]? Toi qui lances si bien les cailloux dans l'obscurité, tu pourrais tenter quelque chose . . .

Le vieux ricanait moqueusement[9].

— Je ne vois pas ce qu'on peut faire.

— Ah les femmes! Si c'était à toi qu'il avait fait la cour, tu aurais déjà trouvé. En tout cas, te souviens-tu de cette histoire du bélier[10] chez sa fiancée[11]?

— Mère qui m'a mise au monde! cria-t-elle de stupeur[12].

— Tu l'as vu comme moi manipuler[13] la cuillère: le corps est un vrai fardeau[14].

Avez-vous déjà vu un ngomna[1] cuit à l'étouffée[15]? C'est un spectacle tout à fait banal. Prenez un bel après-midi. Accrochez un soleil impitoyable[16] dans un ciel pur et vous verrez, dès qu'un ngomna[1] mettra le nez dehors. Avec la

---

1 *le ngomna:* expression au pays de l'auteur pour un administrateur, un fonctionnaire — 2 *trimbaler:* (ici) se promener sans but ou sans résultat — 3 *arpenter:* marcher — 4 **épouser qqn:** se marier avec — 5 **acquérir:** arriver à, avoir — 6 **s'allier avec qqn:** s'unir — 7 *éconduire:* refuser — 8 **assassiner:** tuer — 9 **moqueur, euse:** cf. se moquer de — 10 *le bélier:* der Widder — 11 *la fiancée:* die Verlobte — 12 **la stupeur:** étonnement profond — 13 **manipuler qqch.:** le manier dans un but précis — 14 *le fardeau:* charge pesante — 15 *l'étouffée* (n. f.): cf. étouffer, avoir trop chaud et manquer d'air — 16 **impitoyable:** sans pitié

manie qu'ils ont de s'enfermer dans des vestes et de s'arrimer[1] la gorge avec des cravates, ils ne peuvent que bouillir quand il fait 45 degrés centigrades à l'ombre. Que voulez-vous? Leur caste exige d'eux des habits[2] conçus[3] pour des climats plus tempérés[4], même s'ils s'y sentent aussi à l'aise qu'un poulet dans une casserole posée sur un feu vif. Heureusement qu'ils ont la peau plus dure que celle de ces volailles[5], sinon, tous les ngomnas[6] auraient déjà été étuvés[7] dans leur sueur.

Le nôtre s'épongea[8] le front et le cou en descendant de sa voiture. Il souriait, car la coiffure[9] de l'autre soir[10] ne laissait pas d'équivoques[11]. Même si l'oiselle[12] avait disparu par la suite. Timidité féminine sans doute.

Cette opinion fut confirmée par la suite, car Ana vint l'accueillir[13] en souriant et lui offrit un siège[14]. Elle était habillée d'une mini-jupe espiègle[15], qui semblait constamment prête à dévoiler[16] ce qu'elle cachait d'un moment à l'autre. Tout ce qui était visible au bas de ce vêtement était déjà très appétissant[17]: deux longues jambes bien façonnées[18]. Elle s'excusa: elle lui préparait un repas, car elle l'attendait. Cette attention étourdit[19] le ngomna[6]. L'autre, après avoir «fait la femme[20]», succombait[21]. S'il avait pu voir la grimace de la fille à l'étalage[22] de son charme bedonnant[23]

---

1 *s'arrimer:* (ici) fixer avec une corde — 2 **l'habit** (n. m.): cf. s'habiller — 3 *conçu, e pour:* (ici) fait pour (cf. concevoir) — 4 *tempéré, e:* modéré, doux — 5 **la volaille:** tous les oiseaux de basse-cour (poules, canards, oies ...) — 6 **le ngomna:* expression au pays de l'auteur pour un administrateur, un fonctionnaire — 7 *étuver:* (ici) cuire — 8 **s'éponger:** s'essuyer avec une éponge ou un mouchoir — 9 **la coiffure:** cf. se coiffer/se peigner — 10 *de l'autre soir:* (ici) de la fin de l'autre soir — 11 **l'équivoque** (n. f.): (ici) qqch. qui est douteux ou pas sûr — 12 *l'oiselle* (n. f.): dimin. de «oiseau» — 13 **accueillir qqn:** recevoir qqn à son arrivée — 14 **le siège:** meuble pour s'asseoir — 15 *espiègle:* coquin, coquet — 16 **dévoiler qqch.:** montrer ce qui était tenu caché, révéler — 17 *appétissant, e:* cf. l'appétit — 18 *façonner:* (ici) former — 19 **étourdir qqn:** lui troubler l'esprit — 20 *faire la femme:* se comporter comme une femme timide — 21 **succomber:** ne pas résister — 22 *à l'étalage:* (ici) en dessous, caché — 23 *bedonnant, e (fam.):* qui a un gros ventre

et dégoulinant[1] de sueur, il aurait été fixé sur la nature de ses sentiments.

Combien de gens connaissent-ils encore bien la cuisine de chez nous? On mange du caviar, du saumon[2], du jambon, des civettes[3], des fricassées et presque plus de «ndomba[4]» ou d'«okok[4]». Cela entraîne obligatoirement l'ignorance de certains principes culinaires de base, auxquels doivent être initiés[5] gourmands[6] et gourmets[7]. Cette situation est assez dangereuse et peut aboutir à de très graves catastrophes. Qui pourrait encore se souvenir du premier coup que les recettes grasses, les plats huileux[8] ne fument jamais quel que soit leur degré d'ébullition[9]? Notre ngomna[10], habitué des grandes réceptions où l'on n'apprécie[11] que la cuisine d'outre-mer[12] connaissait-il ce principe? Si oui, nous dirons alors que l'appétit lui fit perdre la mémoire.

Alléché[13] par l'odeur, il plongea furieusement la cuiller dans l'assiette et la ramena chargée au maximum de la pâte onctueuse[14] d'un mets[15] à base de pâte d'arachides[16] cuite à feu vif. Il enfourna[17] prestement[18] tout cela dans la bouche et ce fut la catastrophe.

L'arachide[16] était trop huileuse[8]. Le plat avait été servi à une température inhumaine. Une main perfide y avait mis

---

1 *dégouliner:* couler lentement, goutte à goutte — 2 **le saumon:** un poisson (Lachs) — 3 *la civette (le civet):* ragoût de lièvre, lapin, gibier — 4 **ndomba/okok:* repas africains au pays de l'auteur — 5 **initier qqn:** introduire — 6 **le gourmand:** celui qui mange beaucoup avec plaisir — 7 *le gourmet:* personne qui aime manger en qualité — 8 *huileux, se:* comme de l'huile — 9 *l'ébullition* (n. f.): bouillement (cf. bouillir) — 10 **le ngomna:* expression au pays de l'auteur pour un administrateur, un fonctionnaire — 11 **apprécier qqch.:** aimer — 12 *d'outre-mer:* (ici) des pays riches (de l'Europe, de l'Amérique du Nord, p. ex.) — 13 *allécher* attirer qqn par la promesse de quelque plaisir — 14 *onctueux, euse:* gras, comme de l'huile — 15 *le mets:* chacun des plats qui fait partie d'un repas — 16 **l'arachide* (n. f.): la cacahuète (Erdnuß) — 17 *enfourner (fam.):* avaler — 18 *prestement:* vite

beaucoup de piment[1] pendant la cuisson[2]. Le ngomna[3] étouffa, toussa comme une mitrailleuse[4] sud-africaine dans un camp de nationalistes et recracha[5] sa bouchée[6] sur sa cravate. Un épais flot de morve[7] suinta[8] de son nez. Il leva un regard embué[9] de larmes[10] sur Ana qui éclatait[11] d'un rire sonore. Il voulut menacer mais le piment[1] lui avait solidement garrotté[12] les cordes vocales[13]. Il dut se contenter de rouler des yeux, comiquement, dans les orbites[14]. Autour de lui, on s'empressait hypocritement.

— Hi! ki! Tchakarias. C'est méchant de ta part. Tu ne crains[15] pas une vengeance[16]?

— Ah! Ka! fils de ma mère. Tu crois que cette cuillerée lui a brûlé le palais[17] plus que ce soleil qui me rôtissait le crâne[18] quand j'allais chercher ce papier avec une photo collée dessus et une signature? De toutes façons, il venait ici en voiture et personne ne l'avait invité. Moi j'allais à son bureau à pied et j'y étais obligé. Et puis, s'il faut courir après toutes les jolies femmes qu'on voit parce que l'on est ngomna[3] ... D'ailleurs, quand j'étais enfant, on nous apprenait à consacrer[19] beaucoup d'attention à la première cuillerée d'un repas. Tu le sais bien. Le port[20] de la cravate interdit-il la serviabilité[21], la monogamie et les bienséan-

---

1 *le piment:* assaisonnement piquant utilisé souvent en Afrique — 2 **la cuisson:** le temps de cuisiner — 3 *le ngomna:* expression au pays de l'auteur pour un administrateur, un fonctionnaire — 4 *la mitrailleuse:* arme automatique (Maschinenpistole) — 5 **recracher:** cf. cracher/rejeter qqch. par la bouche — 6 **la bouchée:** quantité d'un aliment qu'on met en une fois dans la bouche — 7 *la morve:* liquide qui s'écoule du nez de l'homme — 8 *suinter:* (ici) couler — 9 *embué, e de:* (ici) plein de — 10 **la larme:** liquide qui coule des yeux quand on pleure — 11 **éclater de rire:** être pris d'un accès de rire soudain et fort — 12 *garrotter:* (ici) étouffer — 13 *les cordes vocales (n. f. pl.):* die Stimmbänder — 14 *l'orbite* (n. f.): die Augenhöhle — 15 **craindre qqch.:** avoir peur de — 16 **la vengeance:** cf. venger qqn/punir celui qui l'a offensé — 17 *le palais:* (ici) der Gaumen — 18 **le crâne:** partie osseuse de la tête qui renferme le cerveau (aussi: syn. fam. de «tête») — 19 **consacrer:** employer, prendre — 20 *le port:* (ici) le fait de porter sur soi — 21 *la serviabilité:* cf. serviable / qui est toujours prêt à rendre service

ces¹? A toujours enfoncer les doigts dans tous les trous qu'on rencontre, on finit par se les faire mordre².

— Mais c'était un chef, un noble et Ana...

— Pourquoi n'a-t-il pas d'abord pris en considération le père de celle-ci? Et puis, il y en a beaucoup qui ne sont pas chefs, mais qui valent largement tous les chefs. Le corps est un fardeau³, me disait mon père. Il ajoutait toujours que la vraie noblesse est dans le cœur. Maintenant, on nous apprend qu'elle est dans les cravates et les gros ventres.

---

1 *les bienséances* (n. f. pl.): la convenance, les bonnes mœurs — 2 **mordre**: serrer très fort entre les dents — 3 *le fardeau:* charge pesante

1.2 Dans la forêt

Du haut de son baccalauréat, Dany toisa[1] le village: une armature[2] de piquets[3] mal équarris[4] et reliés[5] par des lianes, couverte de boue séchée et abritée sous quelques nattes[6] de raphia[7]. Le tout reproduit en trente ou trente-cinq exemplai-
5 res par un duplicateur[8] mal réglé et éparpillé[9] dans une entaille[10] faite à la brousse[11]. C'était là le village! Il est vrai que çà et là, l'éclat[12] aveuglant[13] d'un toit d'aluminium disait l'importance de la cacaoyère[14] de celui qui habitait là. Le reste n'était que des nids de margouillats[15], de cafards[16] et de
10 rats dans lesquels vivaient aussi des hommes. Dommage que sa grand-mère fût[17] de ceux qui y restaient. Ils feraient des yeux ronds quand il les assommerait[18] de son titre: bachelier[19].

Et juché[20] sur sa cravate, le prodige[21] entra dans le village.

15 A seize heures, tout le monde était encore aux champs, malgré l'incendie[22] perpétuel[23] qu'entretenait[24] là-haut un méchant soleil. Dany sentait ses rayons, des crocs[25], perforer[26] sa peau. Après deux heures de marche à pied dans

---

1 *toiser:* (ici) regarder avec mépris, dédain — 2 *l'armature* (n. f.): (ici) assemblage de qqch. — 3 *le piquet:* un bout de bois destiné à être enfoncé en terre pour construire une case africaine — 4 *équarrir:* (ici) tailler — 5 **relier:** mettre en communication — 6 *la natte:* pièce d'un tissu qui sert de tapis ou de couchette — 7 **le raphia:* palmier d'Afrique et d'Amérique équatoriale — 8 *le duplicateur:* (iron.) machine servant à reproduire qqch. — 9 *éparpiller:* jeter, laisser tomber çà et là — 10 *l'entaille* (n. f.): la coupure, la place libre — 11 **la brousse:* végétation sauvage en Afrique (Busch) — 12 *l'éclat* (n. m.): (ici) lumière refletée par un corps brillant — 13 **aveugler:** faire perdre la vue — 14 **la cacaoyère:* la plantation de cacao — 15 **le margouillat:* kleine Eidechse — 16 *le cafard:* die Schabe — 17 *fût:* subj. imp. d'«être» — 18 **assommer qqn de qqch.** (fig.): accabler qqn — 19 **le bachelier:** celui qui a fait le baccalauréat — 20 *jucher sur qqch.:* (ici) être fier de qqch. — 21 *le prodige:* (ici) personne extraordinaire par ses talents — 22 **l'incendie** (n. m.): grand feu qui détruit qqch. — 23 *perpétuel, le:* qui dure toujours, sans fin — 24 **entretenir qqch.:** s'en occuper qu'il marche bien — 25 *le croc:* dent pointue de certains animaux (ici: fig.) — 26 *perforer:* traverser, pénétrer

cette rôtissoire¹ que constitue² une route ensoleillée, ses souliers³ avaient entrepris de lui mâcher⁴ les orteils⁵. Dans sa veste, il macérait⁶ dans sa sueur à très haute température. Il aurait bien aimé avoir un bâton, ou même une paire de béquilles⁷ pour marcher. Mais sa dignité⁸ lui interdisait ce plaisir. Pourtant, plus il avançait, plus il déchantait⁹. Il gaspillait¹⁰ la douleur¹¹ de ses orteils⁵, son bain de sueur. Sa cravate l'étranglait¹² en vain. Pourquoi raidissait-il donc son cou à en désespérer un tétanos¹³? Depuis le matin, il transportait sur son dos cette masse d'étoffe harmonieusement découpée¹⁴ et habilement rassemblée qu'on appelle veste. Que d'efforts gâchés¹⁵ pour un si piètre¹⁶ résultat!

Actuellement, il défilait¹⁷ sous l'œil indifférent des quelques rares poulets qui ne dormaient pas. Les cabris¹⁸ ne bêlèrent¹⁹ même pas à son passage. Tous ruminaient²⁰ placidement²¹ leur petit déjeuner. Un margouillat²² à la poursuite²³ d'un cancrelat²⁴ hocha²⁵ trois fois sa tête rouge et grise, puis, continua sa chasse. Ce fut le seul témoignage d'intérêt que son arrivée obtint.

Pour les hommes, c'était désespéré. Il savait que leurs dos défiaient²⁶ les soleils les plus douloureux²⁷. Il se demandait comment l'on pouvait rester courbé²⁸ comme cela,

---

1 **la rôtissoire** (fig.): der Grill — 2 **constituer**: être, représenter — 3 *le soulier:* la chaussure — 4 *mâcher:* (ici) couper — 5 **l'orteil** (n. m.): die Zehe — 6 *macérer:* (ici) tremper longtemps — 7 *la béquille:* sorte de bâton pour qqn qui est infirme (Krücke) — 8 **la dignité**: die Würde — 9 *déchanter:* (ici) perdre ses illusions — 10 **gaspiller qqch.**: le dépenser inutilement — 11 **la douleur**: sensation pénible — 12 **étrangler qqn**: le serrer à la gorge avec beaucoup de force — 13 *le tétanos:* der Wundstarrkrampf — 14 **découper**: couper — 15 *gâché, e:* perdu — 16 *piètre* (littér.): très petit, très médiocre; triste — 17 **défiler**: passer devant qqn — 18 **le cabri:* (en Afrique) la chèvre (Ziege) — 19 *bêler:* les chèvres et les moutons bêlent — 20 *ruminer:* mâcher de nouveau des aliments venus de l'estomac (wiederkäuen) — 21 *placide:* paisible, (aussi) flegmatique — 22 **le margouillat:* kleine Eidechse — 23 **à la poursuite de**: en chassant — 24 *le cancrelat:* die Kakerlake — 25 **hocher**: (ici) mouvoir la tête — 26 **défier**: (ici) résister à — 27 **douloureux, euse**: ce qui fait mal — 28 *courber:* pencher

toute une journée, à s'écorcher[1] les mains sur une houe[2]. Retourner[3] le sol, rassembler la terre en grosses mottes[4] ou en sillons[5] puis y enterrer des graines toute une journée, tous les jours. Distribuer[6] son sang à de gloutonnes[7] petites pompes qui vous l'aspiraient[8] sans votre avis. Les mouches, les moucherons[9], les moustiques, les taons[10] et les filarioses[11] ne réclament jamais de carte de donneur de sang[12]. On pouvait s'assommer[13] avec ses propres gifles en tentant de les écraser. A l'arrivée d'une main, ils interrompaient prestement[14] leurs festivités, allaient faire un tour dans les airs et revenaient vous manger. Il fallait nourrir la brousse[15]. Et votre sang était un impôt payé pour que la brousse[15] vous nourrisse.

Quand, désespéré par l'assiduité[16] vorace[17] de ces bestioles[18], vous osiez émettre[19] votre opinion là-dessus, un villageois[20] vous demandait tranquillement si vous aviez déjà vu un moustique cultiver[21] un champ pour se nourrir. Et il ajoutait que la quantité prélevée[22] ne pouvait pas vous anémier[23]. Dany essaya de réviser[24] la liste des prétextes[25] qu'il avait mémorisés[26] à l'intention[27] de sa grand-mère. Il n'irait pas aux champs. Mais actuellement, son problème était ses chaussures. Elles étaient à la mode et lui cro-

---

1 *s'écorcher qqch.*: se blesser superficiellement la peau — 2 *la houe:* die Hacke — 3 *retourner le sol:* travailler la terre (umgraben) — 4 *la motte:* morceau de terre très compacte — 5 *le sillon:* langue tranchée ouverte dans la terre (Furche) — 6 **distribuer qqch. à qqn:** en donner à chacun — 7 *glouton, ne:* qui mange avidement, excessivement — 8 *aspirer à qqch., à qqn:* (ici) prendre — 9 *le moucheron:* petite mouche — 10 *le taon:* die Biesfliege, die Bremse — 11 **la filariose:* maladie des tropiques — 12 *le donneur de sang:* der Blutspender — 13 **s'assommer:** se frapper fort — 14 *prestement:* vite — 15 **la brousse:* végétation sauvage en Afrique (Busch) — 16 **l'assiduité** (n. f.): la présence continuelle de qqn — 17 *vorace:* qui dévore, mange avec avidité — 18 **la bestiole:** petite bête — 19 **émettre:** formuler, exprimer — 20 **le villageois:** celui qui habite dans un village — 21 **cultiver:** faire pousser, faire la culture de (pommes de terre p. ex.) — 22 **prélever:** prendre une certaine quantité d'un tout — 23 *anémier:* rendre anémique; affaiblir, épuiser — 24 **réviser:** étudier de nouveau — 25 **le prétexte:** une raison qu'on donne pour faire ou ne pas faire qqch. et qui cache un motif réel — 26 *mémoriser:* apprendre par cœur — 27 **à l'intention de:** pour

quaient[1] gaillardement[2] les pieds. Il fallait les enlever au plus vite, et cela allait être dommage, car il mettrait aussitôt une paire de sandalettes. Malheureusement, les sandalettes sont les ennemies jurées[3] de la veste et de la cravate. Elles s'acharnent[4] à les ridiculiser[5], quand elles se retrouvent dans le costume d'un même individu. C'est une incompatibilité[6] vestimentaire[7] qu'il ne pouvait se permettre.

De toutes les façons, il restait son baccalauréat. Un prestige qui n'acquiert[8] vraiment sa valeur qu'au village. Encore un motif pour massacrer des poulets. Pauvres victimes de nos joies, de nos bonheurs et même de nos malheurs. Un baccalauréat en reste un, même quand la cravate de son propriétaire est enfermée dans une penderie[9]. Mais il aurait fallu quand même que le village voie sa cravate. Tiens! quelqu'un allait tout de même la voir! Une pauvre villageoise[10], jeune il est vrai, mais dont le cou pouvait rentrer dans les épaules, efficacement aidé en cela par l'énorme fagot[11] de bois qu'elle portait. Dany sursauta[12]. Elle transportait, à califourchon[13] sur son nez, un morceau de civilisation. Une paire de lunettes sur le nez d'une villageoise[10], incroyable! il ne la reconnaissait pas. Sans doute, une nouvelle épouse[14]. De la tribu[15] en tout cas, car elle parlait bien la langue[16]. Son bonjour avait été poli, mais pas admiratif. De toutes les façons, sa cravate à elle seule coûtait plus cher que tous les pagnes[17] rafistolés[18] qui la

---

1 **croquer:** manger en mordant dedans — 2 *gaillard, e:* plein de vie, joyeux — 3 *l'ennemi juré:* der Todfeind — 4 **s'acharner à:** s'obstiner à — 5 **ridiculiser:** cf. ridicule / qqch. qui porte à rire, à se moquer — 6 **l'incompatibilité** (n. f.): la contradiction — 7 *vestimentaire:* qui a rapport aux vêtements — 8 **acquérir qqch.:** obtenir, gagner qqch. — 9 *la penderie:* petite pièce, petit placard où on suspend les vêtements — 10 **le villageois:** celui qui habite dans un village — 11 *le fagot:* faisceau de menu bois, de branchages (Bündel) — 12 **sursauter:** avoir un bref mouvement du corps involontaire et provoqué par la surprise — 13 *à califourchon:* comme à cheval — 14 **l'épouse** (n. f.): la femme — 15 **la tribu:* groupe social et politique fondé sur une parenté ethnique — 16 **la langue:* (ici) la langue maternelle africaine — 17 **le pagne:* vêtement africain d'étoffe ou de feuilles qu'on ajuste autour des reins et qui sert de culotte ou de jupe — 18 *rafistoler* (fam.): raccommoder grossièrement

recouvraient[1]. La porte de sa grand-mère était ouverte. Il entra.

Un logarithme! mot très grossier. On se demanderait ce qu'il vient chercher dans vos oreilles en plein village. Et surtout, par un après-midi de canicule[2]. Il avait le dos courbaturé[3] et les mains enflées[4], boursouflées[5] d'ampoules[6]. La grand-mère de Dany, un paquet de rides torturé[7] par l'âge, avait souri quand il avait commencé à énumérer[8] les prétextes[9] qu'il avait préparés pour éviter la plantation[10]. Elle avait hoché[11] la tête, puis elle avait coiffé[12] sa silhouette rabougrie[13] d'un panier contenant une houe[14], une machette[15] et des semences[16] diverses et s'était dirigée vers son petit champ en affirmant que la plume et le papier ramollissaient[17] les mains d'une façon inquiétante pour l'avenir du pays. Navré[18] de constater qu'elle avait raison, il était parti, une machette[15] à la main, s'offrir en holocauste[19] aux multiples[20] mandibules[21] de la brousse[22].

Il avait coupé quelques herbes. En retour, elles lui avaient massacré les mains. Maintenant qu'il croyait avoir droit à quelque repos, on venait l'assaillir[23]. Il faillit hurler[24] au scandale. Qu'allaient devenir nos villages? On ne pouvait plus se réfugier[25] nulle part sans se trouver nez à nez avec

---

1 *recouvrir:* couvrir entièrement — 2 *la canicule:* (ici) la chaleur — 3 *courbaturé:* cf. la courbature / sensation de fatigue douloureuse — 4 **enflé, e:** avoir augmenté de volume — 5 *boursouflé, e:* enflé, gonflé — 6 *l'ampoule* (n. f.): die Blase — 7 **torturer qqn:** lui faire subir des violences — 8 **énumérer:** citer toutes les parties d'un tout — 9 **le prétexte:** une raison qu'on donne pour faire ou ne pas faire qqch. et qui cache un motif réel — 10 **la plantation:* terrain, champs planté (ex. la plantation de bananes) — 11 **hocher la tête:** la mouvoir de haut en bas en signe d'accord — 12 **coiffer:** (ici) couvrir — 13 *rabougri, e:* (ici) maigre — 14 *la houe:* die Hacke — 15 *la machette:* grand couteau — 16 *la semence:* das Saatgut — 17 **ramollir:** rendre mou de nouveau — 18 **navré, e:** consterné, attristé, désolé — 19 *en holocauste:* (ici) comme victime — 20 **multiple:** divers — 21 *la mandibule:* (ici) bête qui dévore (iron.) — 22 **la brousse:* végétation sauvage en Afrique (Busch) — 23 **assaillir qqn:** se jeter sur qqn pour l'attaquer — 24 **hurler:** crier très fort — 25 **se réfugier:** trouver un abri, fuir

une asymptote[1] oblique[2] brandie[3] à bout de bras par un spécimen[4] de cette faune[5] envahissante[6] qui s'insinue[7] désormais[8] partout: les collégiens et les lycéens. Cela se ressentait[9] au niveau pratique: le seul souvenir qu'il gardait de la poule chétive[10] que sa grand-mère avait préparée pour fêter son bac était le piment[11] dont la sauce avait été saturée[12]. La viande elle-même était plus coriace[13] que celle d'un corbeau centenaire[14]. De phénomène qu'il se voulait, il s'était retrouvé dans les rangs d'une cohorte. Heureusement, personne n'avait le bac parmi eux. C'est pourquoi ils venaient le consulter[15] pour qu'il leur explique ces calculs[16].

Il jeta un coup d'œil soupçonneux[17] à ces équations[18]. Il ne se voyait pas aux prises[19] avec ces mathématiques inextricables[20] en pleine brousse[21] tropicale. Il risquait de se faire ridiculiser[22] par quelque subtilité[23] algébrique et traîtresse[24] glissée au tournant d'une factorisation[25] ou d'une probabilité[26]. Il préférait dormir. Il invita les écoliers à repasser le soir. Le soleil lui avait donné mal à la tête, il voulait prendre un peu de repos.

— Oh! si Ambombo était là! regretta l'un.

— Pour Ambombo, ces équations[18] c'est rien! s'enthousiasma[27] un second.

---

1 *l'asymptote* (n. f.): die Asymptote — 2 *oblique*: qui s'écarte de la verticale — 3 *brandir qqch.*: agiter en élevant pour attirer l'attention — 4 *le spécimen*: (ici) exemple, représentant — 5 *la faune*: l'ensemble des animaux (ici: iron.) — 6 **envahir qqch., qqn**: l'occuper, le monopoliser — 7 *s'insinuer*: se glisser, s'infiltrer — 8 **désormais**: à partir de maintenant — 9 **se ressentir**: continuer à éprouver les effets — 10 *chétif, ive*: de faible constitution — 11 **le piment*: épice très piquante pour les plats exotiques — 12 *saturer*: remplir au maximum — 13 *coriace*: dur comme du cuir — 14 **centenaire**: qui a cent ans — 15 **consulter**: chercher un renseignement — 16 **le calcul**: opération arithmétique — 17 **soupçonneux, euse**: méfiant — 18 **l'équation** (n. f.): a + b = c, c'est une équation — 19 *se voir aux prises*: être en lutte avec qqn — 20 *inextricable*: qu'on ne peut démêler — 21 **la brousse*: (ici) région africaine éloignée des centres urbains et plus au moins inculte — 22 **ridiculiser**: cf. ridicule/qui porte à rire, à se moquer — 23 **la subtilité**: cf. subtil/(ici) ingénieux, difficile — 24 *traître, traîtresse* (adj.): qui trahit ou qui est capable de trahir — 25 *la factorisation*: opération mathématique — 26 **la probabilité**: cf. probable (math. die Wahrscheinlichkeit) — 27 *s'enthousiasmer*: s'enflammer avec beaucoup d'enthousiasme

— Tiens, où serait-il donc parti? s'inquiéta Dany.

Il voulait plutôt demander: «Qui est encore celui-là?»

Il craignait[1] de se retrouver[2] en face de quelqu'un ayant le même niveau d'études que lui. Mais il ne voulait pas non plus que son inquiétude perce[3].

— Il est en brousse[4] avec les hommes, en train d'équarrir[5] un arbre pour en extraire[6] des piquets[7]. Il leur apprend le maniement[8] d'une scie[9] à moteur que l'oncle vient d'acheter.

Il est presque interdit chez nous de s'approprier[10] un parent. Personne n'a de Papa ni de Maman. On se partage équitablement[11] les oncles, les cousins, les tantes et les neveux. Personne ne dit jamais «Papa, mon papa, ma mère ou ma tante». On dit «le papa, la maman, la mère, l'oncle, le grand frère». Ainsi, la portion de parenté de chacun est préservée[12].

Dany se rasséréna[13]. Ambombo devait être un de ces écoliers professionnels qui poursuivent[14] leurs études sans jamais s'essouffler[15], mais aussi sans jamais attraper le moindre[16] certificat ou diplôme. Chaque année, ils s'en vont polir[17] les bancs d'un derrière assidu[18]. Ils se remarquent par l'élasticité de leur âge. La barbe a beau ensevelir[19] leurs joues sous sa broussaille[20], ils continuent imperturbablement[21] à avoir seize ans. Le temps qui grignote[22] les cheveux

---

1 **craindre:** avoir peur de — 2 **se retrouver:** être de nouveau — 3 *percer:* (ici) se découvrir, devenir évident — 4 **la brousse:* végétation sauvage en Afrique (Busch) — 5 *équarrir:* (ici) tailler — 6 *extraire:* (ici) faire, fabriquer — 7 *le piquet:* clou ou branche en bois destiné à être fiché en terre pour construire une case africaine — 8 **le maniement:** le mode d'utilisation — 9 **la scie:** outil qui sert à scier, à couper du bois (ou du métal) — 10 *s'approprier:* faire sien — 11 *équitable:* juste — 12 **préserver:** protéger — 13 *se rasséréner:* se ramener au calme — 14 **poursuivre:** continuer à faire — 15 **s'essouffler:** perdre son souffle; se fatiguer — 16 *le moindre:* le plus petit — 17 *polir:* rendre luisant par frottement — 18 **assidu, e:** être constamment présent pour accomplir son devoir — 19 *ensevelir:* (ici) couvrir — 20 *la broussaille:* (ici) die Barthaare — 21 **imperturbable:** impassible — 22 **grignoter:** manger par petites quantités

et sculpte¹ les rides glisse sur eux comme une pirogue² sur l'eau. Sans laisser de traces sur son passage. Puis un jour, la malchance, à bout de souffle, se fatigue et leur laisse l'occasion de décrocher³ enfin une peau d'âne⁴. Ils peuvent alors, le cœur joyeux, aller grossir les rangs des chômeurs⁵ à la recherche d'une sinécure⁶ bureaucratique. Parfois, ils continuent... Alors, tout recommence. Dany ne craignait⁷ pas ce genre. Ils ont beau être des calés⁸, ils sont vieux, donc incapables d'attirer sur eux les projecteurs⁹ de l'actualité. Le fait qu'il fut en brousse¹⁰, en train d'équarrir¹¹ les arbres prouvait qu'il devait être déjà bien mûr. Les hommes mûrs cèdent toujours devant les jeunes premiers. Il ne devait pas cependant¹² avoir le bac, sinon les autres ne seraient pas venus le consulter. Il ne pensa pas un moment que l'absence de l'autre pouvait être le vrai motif de leur venue.

Couché sur son lit — un assemblage¹³ de bambous de raphia¹⁴ affligé¹⁵ d'un tas de feuilles de bananier¹⁶ sèches en guise¹⁷ de matelas —, Dany était en proie¹⁸ à l'interrogation philosophique, l'une des maladies les plus tracassières¹⁹ qui soient. Elle vous ôte²⁰ le sommeil et ne vous le rend que si vous réussissez à la chasser de votre tête.

Il y avait bien cinq ans qu'il n'était venu dans ce village. Sa grand-mère s'en plaignait toujours. Il est vrai qu'elle n'était en fait que la sœur de sa mère. Mais, cette différence était infime²¹. Personne ne s'en souvenait. Elle était sa

---

1 **sculpter:** (ici) former, tailler — 2 *_la pirogue:_ longue barque étroite utilisée en Afrique et en Océanie — 3 _décrocher:_ (ici) obtenir — 4 _la peau d'âne:_ (ici) une place, un poste pour se reposer — 5 **le chômeur:** cf. le chômage/ le manque de travail — 6 _la sinécure:_ emploi où l'on est payé sans avoir rien à faire — 7 **craindre:** redouter — 8 _le calé:_ un homme savant, instruit — 9 _le projecteur:_ source lumineuse (au théâtre p. ex.) — 10 *_la brousse:_ végétation sauvage en Afrique (Busch) — 11 _équarrir:_ (ici) tailler — 12 **cependant:** pourtant — 13 **l'assemblage** (n. m.): (ici) das Gebilde — 14 *_le raphia:_ palmier d'Afrique et d'Amérique équatoriale — 15 _affligé, e:_ (ici) couvert — 16 *_le bananier:_ l'arbre de bananes — 17 _en guise de:_ (ici) à la place de — 18 _être en proie_ (fig.): être tourmenté par — 19 _tracassier, ière:_ qui se plaît à vexer les gens — 20 **ôter:** (ici) priver de, voler — 21 **infime:** très petit, minime

grand-mère, et il était difficile de convaincre le monde du contraire. Cependant[1], Dany se souvenait avec angoisse[2] des éclats[3] de voix de sa propre mère. Elle avait dû le tancer[4] sans arrêt pour qu'il se décide à venir dans ce trou égaré[5] quelque part dans la forêt. Même une boussole[6], il en était sûr, aurait perdu le nord en cherchant à s'orienter là-dedans. Il n'y avait que les villageois[7] pour retrouver infailliblement[8] les sentiers[9], cordons ombilicaux[10] qui les reliaient[11] au reste du monde. Il y avait aussi le soleil qui, chaque matin, surgissait[12] impitoyablement[13] de derrière les cases[14] et s'installait dans le ciel.

La mère de Dany lui avait rappelé mille fois toutes les plaintes, toutes les supplications[15] émises[16] par la grand-mère. Celle-ci mendiait[17] inlassablement[18] sa présence. Elle arguait[19] toujours qu'elle aurait bientôt à aller rendre compte à sa sœur de la situation de sa famille. Il fallait notamment[20] qu'elle connaisse ce qu'elle devait dire à propos du poteau[21] central de sa case[22]. Ce poteau[21] central s'appelait Epképké I — Ndeck —, la vieille-calebasse[23]-vide, un pseudonyme dont la grand-mère de Dany s'était affublée[24] et qu'on lui avait infligé[25]. Il le subissait[26] comme un

---

1 **cependant:** pourtant, toutefois; mais — 2 **l'angoisse** (n. f.): sentiment de peur intense — 3 **l'éclat** (n. m.): cf. éclater de rire/être pris d'un accès de rire soudain et fort — 4 *tancer (littér.):* ausschelten — 5 **égaré, e:** (ici) perdu — 6 *la boussole:* der Kompaß — 7 **le villageois:** celui qui habite dans un village — 8 **infailliblement:** sans se tromper — 9 *le sentier:* petit chemin — 10 *le cordon ombilical (m. pl.: ombilicaux):* die Nabelschnur — 11 **relier:** mettre en communication — 12 **surgir:** apparaître, se montrer — 13 **impitoyablement:** sans pitié, sans compassion — 14 **la case:* cabane, habitation habituelle dans la brousse africaine — 15 **la supplication:** das Flehen — 16 **émettre:** (ici) exprimer — 17 *mendier:* demander l'aumône — 18 *inlassablement:* de façon permanente — 19 *arguer:* exprimer des arguments pour ou contre qqch. — 20 **notamment** (adv.): surtout, principalement — 21 *le poteau:* pièce de bois dressé verticalement pour servir de support — 22 **la case:* cabane, habitation habituelle dans la brousse africaine — 23 **la calebasse:* die Kalebasse — 24 *s'affubler:* s'habiller bizarrement — 25 **infliger qqch.:** donner qqch., faire subir qqch. — 26 **subir qqch.:** supporter qqch.

pensum¹, et ceci augmentait sa réticence². Pour venir dans ce trou perdu, il s'était montré rétif³ comme une mule⁴ affamée⁵. Il n'y avait que là qu'on lui décernait⁶ ce nom, Epképké I — Ndeck.

Dans un pays où personne ne pouvait se nommer Dany, Tim, Bill et Jo comme lui et ses amis en ville, il se sentait perdu. On ne s'appelait même pas Wolfgang, Balthazar, Wenceslas ou Jeroboam comme le commun des Chrétiens. Il leur fallait des trouvailles⁷ aussi grotesques: Epképké I — Ndeck. Et comme fils aîné, il avait hérité⁸ cette punition de son grand-père. Son vrai nom, qui faisait aussi partie de l'héritage⁹ ne l'enchantait¹⁰ pas non plus: Mebara, Lésion¹¹-cutanée¹² due¹³-au-pian¹⁴. Il aurait préféré la maladie elle-même à ce nom, car la maladie, elle au moins, est curable¹⁵. Dany soupira¹⁶. Sa mère avait dû le cingler¹⁷ à grands coups de gueule¹⁸ pour qu'il se décide enfin à venir ici.

Heureusement qu'à cet endroit, il avait la consolation d'être une éminence. Tous les villageois¹⁹ étaient des analphabètes, et révéraient²⁰ religieusement tous ceux qui bénéficiaient²¹ du privilège de pouvoir démêler²² tous ces entrelacs énigmatiques²³ que l'homme trace²⁴ sur le papier. Avec les Blancs, le moindre²⁵ des scribes²⁶ était aussi un

---

1 *le pensum:* travail supplémentaire imposé par punition — 2 *la réticence:* l'hésitation, l'indécision — 3 *rétif, ive:* qui refuse d'avancer — 4 *la mule:* die Mauleselin — 5 **affamé, e:** qui souffre de la faim — 6 **décerner:** donner, accorder — 7 *la trouvaille:* une chose trouvée — 8 **hériter:** erben — 9 **l'héritage** (n. m.): die Erbschaft — 10 **enchanter:** remplir d'un vif plaisir — 11 *la lésion:* la blessure, la plaie — 12 *cutané, e:* qui appartient à la peau — 13 **dû, due à:** provoqué par — 14 **le pian:* maladie de la peau des pays tropicaux (die Frambösie) — 15 *curable:* qui peut être guéri — 16 **soupirer:** respirer de manière assez forte pour manifester un sentiment de difficulté ou de soulagement — 17 *cingler:* frapper fort (avec un objet) — 18 **la gueule** (fam.).: la bouche — 19 **le villageois:** celui qui habite dans un village — 20 *révérer:* adorer, respecter — 21 **bénéficier** de qqch.: profiter de qqch. — 22 *démêler un problème:* l'éclaircir — 23 *l'entrelacs* (n. m.) *énigmatique:* (ici) le signe mystérieux — 24 **tracer:** dessiner — 25 *le moindre:* le plus petit — 26 **le scribe* (vieilli): celui qui fait profession d'écrire à la main

Blanc. L'interprète avait le privilège de manger les restes des repas du chef de subdivision[1]. On ne le fouettait[2] jamais pour l'impôt ou les corvées[3], le maître d'école et le catéchiste[4] non plus d'ailleurs.

Cette déférence[5] était restée. Le planteur, le menuisier[6] et le mécano[7] devaient s'effacer[8] devant ceux qui avaient «un niveau[9]». Lui, son niveau[9] était très élevé. Il dépassait de loin tout le village, et si on ne faisait pas la révérence[10] à son passage, c'est qu'on ignorait ce genre de contorsion[11] ici. Il regrettait cependant[12] qu'on ne l'ait pas vu entrer au village en «costume». Ça l'aurait plus facilement distingué de ces petits cousins encombrants[13], fraîchement émoulus[14] d'une classe de seconde ou de première, toujours en train de bagarrer[15] contre les litotes[16] de leurs bouquins de littérature ou les faux amis de leur anglais. Ils étaient encombrants[13] et toujours, ils venaient le déranger. Et puis maintenant, il y avait Ambombo. Avant, il n'y avait pas tant de connaisseurs[17] dans les villages, mais maintenant ...

La boue glougloutait[18]. Parfois, elle giclait[19], flic-floc. Et les jambes continuaient à la piler[20]. Deux longs fuseaux[21] de chocolat, qui louaient[22] perpétuellement leur créateur[23]. Même toutes insultées[24] de boue comme actuellement.

---

1 *le chef de subdivision:* un fonctionnaire subalterne — 2 *fouetter:* frapper avec un fouet (die Peitsche) — 3 *la corvée:* un travail pénible — 4 *le catéchiste:* celui qui enseigne la religion — 5 *la déférence:* grand respect — 6 *le menuisier:* un ouvrier ou un artisan qui travaille le bois — 7 **le mécano** (fam.): le mécanicien, le garagiste — 8 *s'effacer:* disparaître — 9 *le niveau:* (ici) niveau d'études — 10 *la révérence:* l'inclination, salut cérémonieux — 11 *la contorsion:* (ici) mouvement volontaire et anormal des membres — 12 **cependant:** quand même — 13 *encombrant, e:* qui prend de la place, qui gêne — 14 *fraîchement émoulu, e de:* récemment sorti, e de — 15 **bagarrer:** cf. la bagarre: action de se battre, se disputer — 16 *le litote:* figure de rhétorique (Litotes) — 17 **le connaisseur:** (ici) celui qui sait lire et écrire — 18 *glouglouter* (fam.): produire un glouglou (bruit que fait un liquide) — 19 *gicler:* jaillir, éclabousser — 20 *piler:* broyer, écraser — 21 *le fuseau:* die Spindel — 22 *louer:* loben — 23 *le créateur:* Dieu — 24 **insulter qqn:** lui adresser des injures (p. ex.: Espèce d'idiot!)

Leurs sommets se cachaient sous un vieux pagne[1] de cotonnade[2], crasseux[3] et déchiré. Elles montaient et redescendaient à toute vitesse écraser[4] la terre gorgée[5] d'eau qu'elles pétrissaient[6] depuis un moment. Tout en haut, le pagne[1] n'arrivait pas à travestir[7] l'harmonie d'une admirable chute de reins[8], la symphonie des formes dessinées par les hanches[9], la planéité[10] du ventre. Ce qui nous sert à nous asseoir, la victime des chicottes[11] de nos fessées[12], la cible[13] des seringues[14] semblait avoir été conçu[15] ici pour le plaisir des yeux. Mais l'œil hésitait quand même à s'y attarder[16], préférant souvent escalader[17] la taille. Aussi souple[18] que celle d'un lévrier[19], elle s'élançait[20] vers les épaules graciles, se boursouflant[21] un bon moment sur la poitrine, en deux adorables petites tentations. Puis, en se rétrécissant[22], elle lançait un défi[23] aux gazelles pour mouler[24] le cou. Le mouvement était un hymne à la gloire de ce corps. Un hymne repris en chœur par le gigotement[25] des bras, les vibrations de la poitrine mal abritée dans un vieux T-shirt, par le bassin[26] qui retenait captif[27] l'œil de l'observateur.

Quelle triste besogne[28]! Aller habiller de cette grossièreté[29] gluante[30] l'armature[31] de lianes et de piquets[32] qui se

---

1 *le pagne:* vêtement africain d'étoffe ou de feuilles qu'on ajuste autour des reins et qui sert de culotte ou de jupe — 2 *la cotonnade:* étoffe en coton — 3 **crasseux, euse:** très sale — 4 **écraser:** déformer par une forte compression — 5 *gorgé, e:* rempli — 6 *pétrir:* presser, remuer fortement en tous sens — 7 *travestir:* déguiser, déformer — 8 *les reins* (n. m. pl.): die Lenden — 9 **la hanche:** die Hüfte — 10 *la planéité:* caractère de ce qui est plan — 11 *la chicotte:* petit bâton — 12 *la fessée:* les coups donnés sur les fesses (le derrière) — 13 *la cible:* but que l'on vise et contre lequel on tire — 14 *la seringue:* (méd.) die Spritze — 15 **conçu, e** (p.p.): formé, imaginé — 16 **s'attarder:** rester — 17 *escalader:* monter — 18 *souple:* élastique, flexible — 19 *le lévrier:* chien qu'on emploie à chasser les lièvres — 20 **s'élancer:** se précipiter — 21 *se boursoufler:* se gonfler — 22 **se rétrécir:** devenir moins large, se resserrer — 23 **le défi:** lancer un défi à qqn/le provoquer — 24 *mouler:* former — 25 *le gigotement* (fam.): un vif mouvement — 26 *le bassin:* (anatom.) das Becken — 27 *retenir captif, ive:* l'intéresser, le charmer — 28 *la besogne:* un travail pénible — 29 *la grossièreté:* la vulgarité — 30 *gluant, e:* collant — 31 *l'armature* (n. f.): assemblage de pièces de bois ou de métal — 32 *le piquet:* clou ou branche en bois destiné à être enfoncé en terre pour construire une case africaine

trouvait là-bas sous un heaume[1] de raphia[2] tressé[3]! Dany la voyait mieux dans une boîte de nuit[4], en train de gesticuler[5] sous l'agressivité mélodieuse d'un air[6] en vogue[7], ou à l'université, où lui-même irait bientôt, puisqu'il avait le bac.
5 Ou dans une besogne[8] plus noble: derrière une pétaradante[9] machine à écrire par exemple, ou dans un salon de haute couture.

Bâtie comme elle l'était, elle n'aurait aucune peine à trouver du travail: vendeuse dans un magasin, barmaid,
10 coiffeuse, bonniche[10] même. Tout ceci était plus honorable que de pétrir[11] de la latérite[12] pour en confectionner[13] des murs qui, dans quelques jours, seraient l'abri le plus sûr pour une faune[14] nombreuse. Il était pour l'écologie, la protection de l'environnement[15], mais l'environnement[15]
15 pour lui, c'était les forêts et la savane. Et s'il était dedans, il préconisait[16] qu'on l'éloigne. La gent[17] rampante[18] l'ébouriffait[19], les insectes aussi. Et tous les murs de terre grouillent[20] de lézards[21], de rats, de margouillats[22], d'araignées[23], de fourmis[24], de blattes[25]. Souvent, de scorpions et de serpents.
20 Et une jeune fille comme celle-ci leur confectionnait un abri. Il est vrai que les hommes s'y nichaient[26] aussi, mais pour une famille de dix têtes, combien de familles de vermines[27] trouvait-on sous un même toit? Finalement, les

---

1 *le heaume:* grand casque enveloppant toute la tête — 2 **le raphia:* palmier d'Afrique et d'Amérique équatoriale — 3 *tresser:* entrelacer des brins de paille ou des branches — 4 *la boîte de nuit:* un bar où l'on va dans la nuit — 5 *gesticuler:* bouger sans cesse, faire des gestes — 6 **l'air** (n. m.): (ici) la mélodie — 7 **en vogue:** à la mode — 8 *la besogne:* un travail pénible — 9 *pétaradant, e:* qui fait entendre une suite de détonations — 10 *la bonniche* (la boniche) (péj.): jeune bonne, servante — 11 *pétrir:* presser, remuer fortement en tous sens — 12 **la latérite:* der Laterit (roter Verwitterungsboden in den Tropen) — 13 *confectionner:* faire, préparer — 14 *la faune:* l'ensemble des animaux — 15 *l'environnement* (n. m.): die Umwelt — 16 **préconiser:** recommander; ant. critiquer — 17 *la gent* (littér.): la race — 18 *ramper:* les reptiles rampent — 19 *ébouriffer* (fig. et fam.): choquer, ahurir — 20 *grouiller:* bouger, remuer, fourmiller — 21 **le lézard:** die Eidechse — 22 **le margouillat:* kleine Eidechse in den Tropen — 23 **l'araignée** (n. f.): die Spinne — 24 **la fourmi:** die Ameise — 25 *la blatte:* die Schabe — 26 *se nicher* (fam.): loger — 27 *la vermine:* nom collectif désignant tous les insectes

bestioles[1] profitent plus de l'infrastructure habitationnelle[2] de nos contrées[3] que les humains, dans un rapport chiffré[4].

Un doigt boueux alla réajuster[5] la paire de lunettes qui chevauchait[6] l'agréable nez de l'ouvrière. Constamment en équilibre instable[7], à cause des mouvements de sa propriétaire, elle excitait[8] à tout moment la curiosité de Dany. Celui-ci se tenait prudemment à l'écart, loin de la saleté que pétrissait[9] la fille.

Il dégustait[10] tranquillement les arachides[11] grillées que celle-ci lui avait servies. Que faisait cet objet civilisé sur le nez d'une malheureuse sans «niveau[12]»? «Ce genre de travaux même ...» Dany termina sa remarque par une moue[13] éloquente[14]. La fille sourit. Si le soleil avait été plus proche de la terre, il en aurait frémi[15] d'envie. Elle avait des dents étonnantes. Blanches, symétriquement plantées de part et d'autre d'un délicieux écart entre les incisives[16].

— Tu ne crains[17] pas de te salir?
— Il y a l'eau non?

Elle souriait toujours. Il la regarda, sceptique. A une époque où toutes les femmes de la planète passent la moitié de leur vie devant un miroir[18], à polir[19] leur peau avec huiles, lotions, poudres et crèmes, une entêtée[20] s'évertuait[21] à se couvrir de boue pour se fabriquer un abri. Lisait-elle les journaux? Que savait-elle de l'émancipation de la femme? La semaine dernière, une femme affirmait dans un magazine abondamment illustré de robes, de nus, de manne-

---

1 **la bestiole**: petite bête — 2 *habitationnel, le:* du logement — 3 **la contrée**: la région — 4 *le rapport chiffré*: une relation qu'on peut décrire par des chiffres — 5 *réajuster* (spécialt): remettre en place — 6 *chevaucher* (ici fig.): être à cheval — 7 **instable**: ant. stable/constant, solide — 8 **exciter**: faire naître, éveiller — 9 *pétrir*: presser, remuer, fortement en tous sens — 10 **déguster**: manger avec plaisir — 11 *l'arachide* (n. f.) (comm.): die Erdnuß — 12 *le niveau*: (ici) niveau d'études — 13 *la moue*: une grimace qu'on fait en resserrant les lèvres — 14 *éloquent, e*: (ici) expressif, parlant — 15 *frémir*: vibrer, frissonner — 16 *l'incisive* (n. f.): der Schneidezahn — 17 **craindre**: avoir peur — 18 *le miroir*: der Spiegel — 19 *polir*: rendre luisant par frottement; rendre plus beau — 20 *un/une entêté, e*: une personne qui fait de l'obstination dans ce qu'il fait — 21 **s'évertuer à**: s'efforcer de

quins et de stars, qu'il fallait que la femme abandonne les travaux dégradants¹.

— Moi, je ne peux quand même pas faire ce genre de travaux.

Et il lui parla de ses idées sur l'émancipation de la femme, des travaux dégradants¹, de ses conceptions². Il se présenta à elle comme un messie³ incompris des villageois⁴. Il évoqua⁵ longuement la vie en ville, les merveilles⁶ du lycée. Il lui parla des longues études qui lui avaient valu⁷ son bac, et celles auxquelles ce haut diplôme lui donnait accès⁸. Il serait grand, aurait une voiture, une villa, empêcherait sa femme de s'abrutir⁹ avec des travaux manuels. Il était pour l'émancipation de la femme. Il embaucherait¹⁰ donc une bonne.

L'autre avait cessé de préparer la latérite¹¹, elle en transportait maintenant de gros paquets qu'elle allait déposer au pied de ce qui, bientôt, usurperait¹² le nom de mur. Elle souriait constamment, parfois éclatait¹³ franchement de rire. Au milieu de toute cette boue qui la maculait¹⁴, la blancheur de ses dents donnait toujours envie de décrocher¹⁵ le soleil pour en installer une à sa place.

Dany critiquait maintenant la vie du village, son mode de vie, son vin de palme¹⁶ — rien de la distinction¹⁷ de la bière, du whisky et du champagne — ses mouches, ses moustiques, sa brousse¹⁸. Il se demandait sincèrement comment des créatures de Dieu pouvaient y vivre. L'autre, absorbée¹⁹

---

1 **dégrader**: déshonorer, abaisser — 2 **la conception**: l'opinion, la théorie — 3 **le messie**: Jésus était un messie — 4 **le villageois**: celui qui habite dans un village — 5 **évoquer**: présenter à l'esprit — 6 **la merveille**: cf. merveilleux/magnifique, extraordinaire — 7 **valoir**: (ici) faire obtenir — 8 **l'accès** (n. m.): cf. accéder/parvenir à un lieu ou un poste — 9 **s'abrutir**: s'enlever, perdre la capacité de réfléchir — 10 **embaucher qqn**: engager comme salarié — 11 *la latérite:* der Laterit (roter Verwitterungsboden in den Tropen) — 12 *usurper* (iron.): prendre qqch. sans avoir le droit — 13 **éclater de rire**: être pris d'un accès de rire soudain et fort — 14 *maculer:* couvrir, salir — 15 **décrocher**: défaire ce qui est accroché, suspendu — 16 *le vin de palme:* boisson alcoolique qu'on boit en Afrique — 17 **la distinction**: la supériorité, la valeur — 18 *la brousse:* végétation sauvage en Afrique (Busch) — 19 **absorbé, e par**: pris par

par son travail, l'écoutait en répondant laborieusement[1] par des onomatopées[2]. Apparemment[3], elle ne saisissait pas le problème dans toute son acuité[4]. Il en conçut[5] de la pitié pour elle. Il la comprenait. Elle n'était qu'une simple villageoise[6], juste capable de pétrir[7] de la boue.

Seulement, ce mystère qui barrait[8] son visage l'intriguait[9]. Etrange villageoise[6] que celle-ci, avec une paire de lunettes devant les yeux.

— Grand-mère t'appelle, Mebat'[10].

Il bondit[11] sous l'insulte[12]. Son nom le faisait presque gémir[13]. Cependant[14], il n'osait le renier[15]. Une fois, il avait entrepris[16] une campagne contre ce pénible[17] patronyme[18] hérité[19] de son grand-père. Il avait rencontré une ironie têtue[20] chez tous les villageois[6]. Ceux-ci avaient cité plusieurs pensées de la docte[21] tortue[22], et à la fin, chacun lui avait vanté[23] le mérite qu'il y avait à s'appeler Epképké I – Ndeck.

Grand-mère lui avait préparé une friture de criquets[24]. Il sursauta[25] de dégoût[26] devant cette friandise[27].

— Qu'y a-t-il, petit mari?

Dany portait le nom du mari de sa sœur, donc était son mari. Son sourire égaré[28] à travers toutes les rides de son

---

1 *laborieux, euse:* (ici) actif, travailleur — 2 *l'onomatopée* (n. f.): die Lautmalerei — 3 **apparent, e:** ce qui apparaît clairement — 4 *l'acuité* (n. f.): l'intensité — 5 **concevoir:** éprouver (empfinden) 6 **le villageois:** celui qui habite dans un village — 7 *pétrir:* presser, remuer fortement en tous sens — 8 **barrer:** (ici) former une barre, une barrière — 9 **intriguer qqn:** le rendre perplexe — 10 **Mebat':* interpellation pour Mebara — 11 **bondir:** sauter, s'élancer — 12 *l'insulte* (n. f.): (ici) l'affront, l'offense — 13 *gémir:* exprimer sa souffrance d'une voix plaintive et inarticulée — 14 **cependant:** mais — 15 *renier:* (ici) rejeter, abandonner — 16 **entreprendre:** réaliser — 17 **pénible:** (ici) désagréable — 18 *le patronyme:* (ici) nom que son père lui a donné — 19 **hériter:** (ici) recevoir, obtenir — 20 **têtu, e:** entêté, obstiné — 21 *docte:* savant, instruit, intelligent — 22 **la tortue:** die Schildkröte; aussi: personnage des fables africaines — 23 **vanter:** louer, glorifier — 24 *le criquet:* die Heuschrecke — 25 **sursauter:** avoir un bref mouvement du corps involontaire — 26 **le dégoût:** l'aversion, l'horreur — 27 *la friandise:* la gourmandise, la délicatesse — 28 **égarer:** se perdre

visage était inquiet. Elle avait confectionné[1] ce mets[2] avec toute la virtuosité que lui permettaient ses soixante-dix ans d'expérience culinaire[3]. Chez nous, les filles apprennent à faire la cuisine à dix ans. Il goûta. Ce n'était pas moche[4], et sa langue en apprécia[5] vivement le goût[6]. Toute sa bouche entérina[7] en salivant[8] abondamment[9]. Lui-même ne se rendit pas à ces jugements[10]. C'était tout de même des criquets[11]!

Il avait vu de gamins[12] se battre pour ces bestioles[13], des poulets aussi d'ailleurs. Un plat de ces orthoptères[14] du groupe des acridiens[15] ne le tentait pas. Il était constamment ahuri[16] par ce que les villageois[17] pouvaient ingurgiter[18]. C'était fréquent de voir une paysanne s'échiner[19] sur quelques dégoûtantes[20] chenilles[21]. Et celles qui organisaient des battues[22] pour récolter[23] des escargots[24] bavochants[25]! ou ces éternelles[26] chasses où des hommes s'époumonaient[27] pour un malheureux rat des champs. Des mets[2] à base de fourmis[28], de serpents, de chenilles[21]!

Au lycée, il avait toujours réprouvé[29] ouvertement ces mauvaises habitudes alimentaires[30]. Il était pour les pom-

---

1 *confectionner:* faire — 2 *le mets:* le plat — 3 *culinaire:* qui a rapport à la cuisine — 4 **moche** (fam.): (ici) mauvais — 5 **apprécier:** aimer — 6 **le goût:** der Geschmack — 7 *entériner:* confirmer, approuver — 8 *saliver:* rendre de la salive (Speichel) — 9 **abondant, e:** en grande quantité — 10 **le jugement:** (ici) l'opinion, l'avis — 11 *le criquet:* die Heuschrecke — 12 *le gamin* (fam.): un petit garçon — 13 **la bestiole:** petite bête — 14 *l'orthoptère* (n. f.): die Orthoptere (der Geradeflügler, z. B. die Heuschrecke) — 15 *les acridiens* (n. m. pl.): famille d'insectes (der Heuschrecken u. a.) — 16 *ahurir:* étonner, troubler — 17 **le villageois:** celui qui habite dans un village — 18 *ingurgiter:* avaler avidement et en quantité — 19 *s'échiner:* se donner beaucoup de peine — 20 **dégoûtant, e:** manger un rat: c'est dégoûtant pour un Européen — 21 *la chenille:* die Raupe — 22 *la battue:* die Treibjagd — 23 *récolter:* recueillir certains produits agricoles — 24 *l'escargot* (n. m.): die Schnecke — 25 *bavocher:* produire un liquide — 26 **éternel, le:** qui dure très longtemps — 27 *s'époumoner:* se fatiguer — 28 **la fourmi:** die Ameise — 29 *réprouver:* rejeter, critiquer — 30 **alimentaire:** cf. l'aliment/tout produit naturel ou préparé qui se mange

mes, les pizzas, les spaghettis, le caviar... Mais faire accepter cela à ces gens, mon Dieu! la fille aux lunettes lui avait aussi proposé des criquets[1]. Il s'était reculé[2]. C'était la saison. On les trouvait partout, blottis[3], bondissant[4], grignotant[5]. C'était bon, mais, il n'allait pas pousser la sauvagerie[6] jusqu'à en manger. Il était au village d'accord, mais il n'en était pourtant pas devenu, pouah! un villageois[7].

Il allait repousser[8] vertement[9] cette friture d'insectes quand on frappa à la porte. Il se retourna. C'était la volée[10] de cancres[11] avec leurs éternels[12] problèmes académiques. Ils brandissaient[13] comme toujours un antipathique livre, et venaient sûrement réclamer[14] des éclaircissements[15] sur quelque puzzle ténébreux[16]. Il emprunta[17] un sourire chez l'hypocrite[18] que chacun de nous accompagne et les invita à partager son repas.

Tout en mangeant, ils expliquaient leur problème:

— Et Ambombo? Peut pas vous aider?

— Très occupé actuellement. Il allait falloir tout de même qu'il entame[19] le duel avec les mystères du livre que les autres avaient apporté.

— C'était meilleur que ceux qu'on a bouffés[20] chez Ambombo.

Grand-mère exhiba[21] ses chicots[22] brunâtres[23] pour sou-

---

1 *le criquet:* die Heuschrecke — 2 **reculer:** ant. s'avancer, s'approcher — 3 **blottir:** (ici) cacher — 4 **bondir:** s'élancer, sauter — 5 *grignoter:* manger petit à petit — 6 **la sauvagerie:** la barbarie — 7 **le villageois:** celui qui habite dans un village — 8 **repousser:** refuser, ne pas accepter — 9 *vertement:* avec vivacité, avec rudesse — 10 *la volée:* un groupe (d'oiseaux) — 11 *le cancre* (fam.): écolier paresseux et nul — 12 **éternel, le:** qui dure toujours, sans fin — 13 *brandir qqch.:* l'agiter en élevant pour attirer l'attention — 14 **réclamer:** demander avec force — 15 **l'éclaircissement** (n. m.): l'explication — 16 *ténébreux, euse:* obscur, ant. clair, lumineux — 17 **emprunter:** beaucoup de gens qui achètent une voiture sont obligés d'emprunter de l'argent — 18 **l'hypocrite** (n. m.): der Heuchler — 19 **entamer:** commencer — 20 **bouffer** (fam.): manger — 21 *exhiber:* montrer, présenter — 22 *le chicot:* un morceau qui reste d'une dent — 23 *brunâtre:* un peu brun

rire à ces gourmets[1]. Dany était scandalisé. Des gens d'un certain «niveau[2]» qui appréciaient[3] des insectes.
— Il nous a dit que tu as passé beaucoup de temps chez lui.

5 Au village, on mange des archiptères[4], des hyménoptères[5], des coléoptères[6] ... De tous ces noms terminés par «ptère», il n'y a peut-être que les hélicoptères qui aient échappé à la folie gourmande[7] qui approvisionne[8] nos tables, parce qu'ils ne vivent pas dans nos brousses[9].
10 D'ailleurs, nous mangeons rarement sur une table. Nos plats sont souvent des écuelles[10] à même le sol. A vous donner le frisson[11]!

Sur ce point-là, rien n'a changé au contraire. Mais de plus en plus, dans d'autres domaines ... Nous buvons toujours
15 du vin de palme, il n'est pas rare que, passant en pleine forêt équatoriale, vous entendiez nasiller[12] du sommet d'un palmier, à trente mètres au-dessus du sol, un air[13] de disco. Emis par le poste radio d'un malafoutier[14]. Et ce n'est pas tout. Sartre[15] fait perdre du terrain à la tortue[16]. On trouve
20 aussi parfois des bâtisseurs de gratte-ciel[17], ceux qui en font les plans, conçoivent[18] la résistance du béton, font des calculs[19] savants, on les trouve parfois dans nos cases[20] en terre battue[21].

---

1 *le gourmet* (littér.): personne qui aime le raffinement de boire et de manger — 2 *le niveau:* (ici) niveau d'études — 3 **apprécier:** aimer — 4 *les archiptères:* familles d'insectes — 5 *les hyménoptères:* familles d'insectes — 6 *les coléoptères:* familles d'insectes — 7 **gourmand, e:** une personne gourmande/une personne qui aime manger — 8 *approvisionner:* alimenter, fournir des aliments — 9 **la brousse:* végétation sauvage en Afrique (Busch) — 10 *l'écuelle* (n. f.): sorte d'assiette large et creuse sans rebord — 11 **le frisson:** tremblement du corps à cause du froid ou du dégoût — 12 *nasiller:* parler ou chanter du nez — 13 **l'air** (n. m.): (ici) la mélodie — 14 *le malafoutier* (pop.): le bon à rien — 15 *Jean Paul Sartre:* écrivain et philosophe français (1905–1981) — 16 **la tortue:** die Schildkröte; personnage des fables africaines — 17 **le gratte-ciel:** un bâtiment très haut qui «touche le ciel» — 18 **concevoir:** imaginer — 19 **le calcul:** opération arithmétique — 20 **la case:* cabane, habitation habituelle dans la brousse africaine — 21 **la terre battue:* gestampfte Erde

Dans notre langue, le féminin n'existe pas, ce qui supprime aussi le masculin. Cela simplifie beaucoup de problèmes de grammaire.

— Moi chez Ambombo?

Il s'imaginait mal chez cet insectivore[1], même si celui-ci pouvait se dépêtrer[2] convenablement d'un piège[3] logarithmique.

— Mais oui! c'est pas toi qui la regardais préparer la terre pour les murs de la cuisine de sa mère tout à l'heure?

— Il ne connaît peut-être pas son nom.

— Comment? Le premier ingénieur de notre village? Il vient de sortir de Polytechnique[4] de Yaoundé.

— Ingénieur? C'est elle Ambombo? La fille aux lunettes.

— Oui.

Il se souvint de toutes les théories qu'il lui avait exposées ce matin. Et de son sourire.

Que ne peut-on ramasser les paroles qui ont franchi[5] le seuil[6] de nos lèvres!

---

1 *l'insectivore* (n. m.): celui qui mange des insectes — 2 *se dépêtrer:* (ici) se dégager d'une difficulté — 3 **le piège:** (ici) un problème difficile — 4 **la polytechnique:** l'université pour ingénieurs — 5 **franchir:** passer une limite — 6 *le seuil:* die Schwelle

1.3 Une petite vendeuse de beignets[1]

C'est une maladie contagieuse[2] qui fait larmoyer[3] les yeux et met nos côtes au supplice[4]. Une fois contaminé[5], l'homme — car elle n'atteint[6] que ce bipède[7] — étouffe[8], se tord[9], gigote[10], s'entortille[11] en glapissant[12] par petits cris durs et successifs[13]. Elle ressemble à une crise de folie et peut faire perdre toute contenance[14] aux plus pondérés[15]. Elle vous soustrait[16] la parole pendant un moment, ce qui est dû[17] à la rafale[18] de hoquets[19] qui paralyse[20], d'une façon éphémère[21] heureusement, les organes moteurs de la parole. Elle existe sous une forme atténuée[22], préférable peut-être: les lèvres s'écartent, retroussées[23] vers le haut, les dents, chicots[24] noirâtres[25], crocs[26] luisants[27] ou quenottes[28] chargées du chocolat qui provoque cet état, apparaissent.

C'est le rire. Et le sourire. Lorsque[29] ce chef-d'œuvre[30] d'audace[31] et d'architecture qu'était la tour de Babel s'écroula[32], il provoqua autant de débris[33] que d'idiomes[34]. Ce

---

1 *le beignet:* pâte frite enveloppant un aliment; un petit gâteau — 2 **contagieux, euse:** une maladie contagieuse (comme la grippe) se transmet facilement — 3 *larmoyer:* pleurer — 4 *le supplice:* une souffrance très vive — 5 **contaminer:** infecter (en parlant d'une maladie) — 6 **atteindre:** (ici) troubler, heurter — 7 *le bipède:* qui marche sur deux pieds — 8 **étouffer:** ne pas pouvoir respirer facilement — 9 *se tordre:* (ici) se courber de souffrance — 10 *gigoter* (fam.): agiter ses membres, tout son corps — 11 *s'entortiller:* se courber, devenir confus — 12 *glapir:* pousser des cris aigus — 13 **successif, ive:** qui succède à autres — 14 *la contenance:* manière de se tenir, de se présenter — 15 *pondéré, e:* calme, équilibré — 16 *soustraire qqch.:* enlever, priver de — 17 *être dû, due à qqch.:* être causé par qqch. — 18 *la rafale:* un coup de vent violent et de courte durée — 19 *le hoquet:* der Schluckauf — 20 **paralyser:** immobiliser, bloquer — 21 *éphémère:* court, momentané — 22 **atténuer:** calmer, adoucir — 23 *retrousser:* replier — 24 *le chicot:* morceau qui reste d'une dent — 25 *noirâtre:* cf. noir/pas tout à fait noir — 26 *le croc:* dent pointue — 27 *luisant, e:* brillant, clair — 28 *la quenotte:* la petite dent d'enfant — 29 **lorsque:** quand — 30 **le chef-d'œuvre:** les tableaux de Picasso sont des chefs-d'œuvre de l'art moderne — 31 **l'audace** (n. f.): un très grand courage — 32 **s'écrouler:** tomber en ruine — 33 **le débris:** le fragment — 34 *l'idiome* (n. m.): (ici) la langue

fut le début de la fortune des polyglottes[1], traducteurs et interprètes[2]. Pourtant, un seul langage est resté commun à tous les hommes. C'est le rire, et bien sûr, son frère jumeau[3], le sanglot[4].

Un cœur déchiré, sanglots[4] et larmes[5]. Le sourire s'est éteint. Aucun son n'a été proféré[6]. La bouche demeure[7] crispée[8], mais il y a ce spasme[9] d'une poitrine qui se soulève[10] et laisse s'échapper le dernier soupir[11] d'une joie qui expire[12] brutalement. Pourquoi la vendeuse de beignets[13] pleure-t-elle? Sa marchandise, pourtant si exquise[14] tout à l'heure, a perdu toute sa saveur[15]. Toutes les mains se sont arrêtées à mi-chemin des bouches. Une larme[5] a noyé[16] tout l'entrain[17] qui régnait tout à l'heure. Triste interrogation, née de la compassion[18]. Pourquoi la vendeuse de beignets[13] pleure-t-elle?

Les plus belles dents du monde sont désormais[19] cachées derrière cette tristesse. Les plus belles lèvres du monde sont déformées par une crispation[20] douloureuse[21]. La huitième merveille du monde s'est abîmée[22] dans un flot de larmes[5]. Ci-gît feu[23] le sourire de la petite vendeuse de beignets[13]. Celle-ci baisse la tête, accablée[24] par une douleur[25] atroce[26] et, apparemment[27], désespérée. Machinalement[28], elle conti-

---

1 *le polyglotte:* celui qui parle plusieurs langues — 2 **l'interprète** (n. m.): der Dolmetscher — 3 **le frère jumeau:** cf. les jumeaux/deux enfants qui sont nés en même temps d'une seule mère — 4 *le sanglot:* das Schluchzen, der Schluchzer — 5 **la larme:** liquide qui coule des yeux quand on pleure — 6 *proférer:* articuler à haute voix, prononcer — 7 **demeurer:** rester — 8 **crisper:** contracter — 9 *le spasme:* contraction brusque et violente, involontaire, d'un ou de plusieurs muscles — 10 **se soulever:** se lever — 11 **le soupir:** der Seufzer — 12 **expirer:** prendre fin, se terminer — 13 *le beignet:* pâte frite enveloppant un aliment, petit gâteau — 14 *exquis, e:* délicat — 15 *la saveur:* le goût — 16 **noyer qqn, qqch.:** le faire mourir dans l'eau — 17 **l'entrain** (n. m.): la bonne humeur — 18 **la compassion:** la pitié — 19 **désormais:** à partir de maintenant — 20 *la crispation:* la contraction — 21 **douloureux, euse:** qui fait mal — 22 **abîmer qqch.:** l'endommager — 23 *ci-gît feu:* hier ruht selig (ce qu'on écrit sur une tombe) — 24 **accabler:** écraser, abattre — 25 **la douleur:** une sensation pénible en un point du corps — 26 **atroce:** affreux, terrible — 27 **apparemment** (adv.): ce qui apparaît clairement — 28 **machinalement:** d'une façon automatique

nue à rouler la pâte sucrée, et à jeter les boulettes[1] dans l'huile bouillante. Pourtant, tout à l'heure, ce sourire a semblé plus beau qu'à l'accoutumée[2], chose jusque-là jugée impossible.

5   Là-bas, mais personne ne l'a remarqué, un jeune homme tente d'arrêter un taxi. Pourtant, il vient à peine d'en descendre. Son costume d'une coupe[3] impeccable[4], un trois-pièces[5] d'un blanc cassé[6], tirant[7] très légèrement sur le jaune, agrémenté[8] de fines rayures[9] noires et d'une cravate
10 rouge, le distingue aisément[10] de tous ceux qui peuplent[11] habituellement le carrefour. Un observateur attentif l'aurait vu descendre du taxi et s'avancer vers la vendeuse du pas de ceux qui sont sûrs d'eux-mêmes et de l'effet qu'ils produisent sur les autres. Il l'aurait vu s'arrêter, les sourcils[12]
15 écarquillés[13] par une surprise brutale, hésiter sous le choc et battre rapidement en retraite[14], apparemment[15] déconcerté[16].

Le jeune homme au trois-pièces[5] blanc a sauté dans un taxi qui s'est éloigné, et les sanglots[17] de la petite vendeuse ont redoublé[18].

20 Dans le taxi qui l'emmenait, Serge était furieux. Une vendeuse de beignets[19], quel scandale! Les éclats du rire[20] de ceux qui le connaissaient lui déchiraient déjà les oreilles. Les chutes les plus violentes sont celles qui partent des points les plus élevés. Son honneur[21] en aurait subi[22] un

---

1 *la boulette:* une petite boule — 2 *à l'accoutumée:* comme d'habitude — 3 **la coupe:** (ici) la façon de couper, de tailler l'étoffe — 4 **impeccable:** parfait — 5 *le trois-pièces:* (ici) costume composé d'une veste, d'un gilet et des pantalons — 6 *blanc cassé:* blanc mêlé d'une quantité infime de couleur — 7 *tirer sur:* (ici) se rapprocher de — 8 *agrémenter:* rendre agréable, moins monotone — 9 **la rayure:** la ligne, la bande — 10 **aisément** (adv.): facilement — 11 **peupler:** y aller en grand nombre — 12 **le sourcil:** die Augenbraue — 13 *écarquiller:* (ici) hochziehen — 14 *battre en retraite:* (ici) se retirer — 15 **apparemment** (adv.): ce qui apparaît clairement — 16 **déconcerté, e:** désorienté, surpris — 17 *le sanglot:* das Schluchzen, der Schluchzer — 18 *redoubler:* devenir deux fois plus grand — 19 *le beignet:* pâte frite enveloppant un aliment, petit gâteau — 20 **l'éclat (n. m.) de rire:** das Gelächter — 21 **l'honneur** (n. m.): sentiment de sa propre dignité — 22 **subir:** supporter

rude[1] assaut[2]. Il était heureusement persuadé que personne ne l'avait remarqué, quand il s'était dirigé vers la vendeuse. Il aurait dû donner le change[3], feindre[4] de demander un renseignement, essayer de noyer[5] le poisson d'une façon quelconque. Si jamais une vieille connaissance avait le moindre[6] soupçon[7] ... La malveillance[8] fait les meilleurs policiers du monde. Aucune enquête, suscitée[9] par elle, n'a jamais été classée[10]. Et aucun don Juan n'a bonne presse[11]. Son tableau de chasse plaidait[12] contre lui.

Il avait sorti[13] Arlette, le seul parmi les quatre concurrents qu'ils étaient. Les autres étaient restés étourdis[14] par sa facile victoire. Le fiancé[15] de Jeanine, lui, n'avait point[16] perdu son temps en vaines discussions: il avait sévi[17]. Les coups de poing avaient plu, la discussion avait été sanglante[18]. Le souvenir de Jeanine lui rappelait toujours cet œil poché[19] qui l'avait séquestré[20] dans sa chambre pendant une semaine. Le fiancé[15] s'était brisé quelques os du métacarpe[21], car il avait frappé très fort. Il y avait de quoi[22], car Jeanine était d'une beauté ... Il aurait pu compter un cadavre[23] parmi ses victimes, si la science moderne n'avait été si avancée. Le père Donatien, un fossile[24] datant[25] de la colonisation, avec une silhouette de vieux vautour[26] dé-

---

1 **rude:** désagréable, dur — 2 *l'assaut* (n. m.): une attaque, une offensive — 3 *donner le change à qqn*: lui faire prendre une chose pour une autre — 4 **feindre de:** faire semblant de — 5 *noyer le poisson* (fig.): embrouiller volontairement une affaire — 6 **le moindre:** le plus petit — 7 **le soupçon:** cf. soupçonner/deviner, douter — 8 *la malveillance:* l'hostilité, l'animosité — 9 **susciter qqch.:** le provoquer, le faire naître — 10 **classer qqch.:** (ici) le considérer comme terminé — 11 **avoir bonne presse:** avoir une bonne réputation — 12 **plaider contre qqn:** s'exprimer contre qqn — 13 **sortir qqn:** (ici) l'accompagner à un spectacle — 14 **étourdir qqn:** lui troubler l'esprit — 15 *le fiancé:* der Verlobte — 16 *ne ... point* (littér.): ne ... pas — 17 *sévir:* ravager, bagarrer — 18 **sanglant, e:** saignant — 19 *un œil poché:* ein blaues Auge — 20 *séquestrer* (iron.): enfermer et isoler rigoureusement — 21 *le métacarpe:* l'ensemble des cinq os qui constituent le squelette de la main — 22 *il y a de quoi:* il y a une raison — 23 *le cadavre:* le corps mort de qqn — 24 *le fossile* (fam.): (ici) qqn qui a survécu une époque passée — 25 **datant de:** restant de — 26 *le vautour:* der Geier

plumé[1], aurait pu succomber[2] de sa thrombose coronaire[3] le jour où il apprit que Gisèle, une des plus ardentes[4] postulantes[5] pour la vocation[6] de religieuse[7], dotée[8], par le diable[9] certainement, car lui seul peut causer de tels désastres, d'un physique[10] appétissant[11], avait découché[12] du juvénat[13]. Le père Donatien n'eut pas le temps de se demander si, dans son œuvre de création[14], Dieu a besoin des conseils du Malin[15]: il s'écroula[16] comme une masse, et on se précipita avec lui à l'hôpital.

10   Il avait connu très peu d'échecs dans sa vie, et même la prude Claire y était passée le jour où il avait donné l'assaut[17] à sa défense, jusque-là sans failles[18]. Celle-là avait cru que c'était arrivé. Ses rêves se remplirent de voiles[19] blancs et de registres d'état civil[20]. Il l'éconduisit[21] brutalement.

15   Son score[22] était enviable: des étudiantes, des femmes de la haute société, des filles des familles les plus aisées[23] de la ville. Il n'allait point[24] descendre de ces cimes[25] pour aller repêcher[26] au fond des abîmes[27] une petite vendeuse de beignets[28]. Qu'allait-on penser de lui? Les costumes les
20   mieux coupés de la cité universitaire n'allaient quand même

---

1 *déplumé, e:* qui a perdu ses plumes — 2 **succomber de:** ne pas y résister, mourir de — 3 *la thrombose coronaire:* Thrombose der Herzkranzgefäße — 4 *ardent, e:* enthousiaste, passionné — 5 *la postulante:* (ici) personne qui demande à entrer en religion — 6 *la vocation:* die Berufung — 7 *la religieuse:* la nonne — 8 *doter de:* (ici) favoriser par — 9 *le diable:* der Teufel — 10 *le physique:* (ici) le corps — 11 *appétissant, e:* (ici) joli, attirant — 12 *découcher:* rester absent une nuit entière — 13 *le juvenat:* stage en usage dans certains ordres religieux — 14 **la création:** le monde est la création de Dieu — 15 *le Malin:* (ici) le diable (Teufel) — 16 *s'écrouler:* (ici) tomber malade — 17 **l'assaut** (n. m.): l'attaque, l'offensive — 18 *sans failles:* sans défauts — 19 *la voile:* morceau d'étoffe destiné à cacher le visage — 20 *l'état civil:* (ici) das Standesamt — 21 *éconduire qqn:* repousser qqn — 22 *le score:* le décompte des points au cours d'un match sportif (ici: iron.) — 23 *aisé, e:* être aisé — avoir suffisamment d'argent pour vivre largement — 24 *ne ... point* (littér.): ne ... pas — 25 *la cime:* l'extrémité pointue (d'une montagne p. ex.) — 26 *repêcher:* pêcher de nouveau — 27 *l'abîme* (n. m.): un gouffre dont la profondeur est insondable — 28 *le beignet:* pâte frite enveloppant un aliment, petit gâteau

pas se frotter à des guenilles[1] puant[2] le beignet[3]. Et dire[4] qu'il avait cousu[5] tout un smoking pour ce rendez-vous. Ce qui l'intriguait[6] pourtant, c'était la manière dont elle s'était débrouillée[7] pour se retrouver au bal de la promotion[8] des sixième année médecine[9].

Dès qu'il l'avait vue, il avait su qu'il allait concentrer tout son bal sur elle, car un bal, c'est une fille, et mieux vaut encore aller passer sa nuit dans les draps que d'aller gigoter[10] gratuitement en se faisant transplanter[11] par le tapage[12] de nos orchestres estudiantins[13] une vilaine[14] migraine dans le crâne[15]. Un bal sans conquête[16] est un bal perdu. Et tout le monde n'aime pas perdre son temps. Elle était habillée simplement, mais la coupe[17] de sa jupe était inimitable. Son T-shirt semblait peint sur sa peau, et présentait en détail la perfection de son anatomie.

Quand elle sourit, il reçut une secousse[18] électrique dans la moelle épinière[19].

Ils dansèrent. Nulle gymnastique n'est aussi compliquée que celle à laquelle il se livra[20] pour obtenir cette danse. Contourner[21] les tables, trottiner[22], s'excuser auprès de ceux qu'il bousculait[23], écarter la foule, tout cela avant qu'un individu beaucoup mieux placé ne le devance[24]. Il allait, le cœur battant, craignant[25] qu'elle ne s'excuse et ne se dé-

---

1 *la guenille:* un vêtement en lambeaux — 2 **puer:** sentir très mauvais — 3 *le beignet:* pâte frite enveloppant un aliment, petit gâteau — 4 *et dire que:* quand on pense que — 5 **cousu, e:** cf. coudre/(ici) raccommoder — 6 **intriguer qqn:** le rendre perplexe — 7 *se débrouiller pour:* (ici) réussir à — 8 *la promotion:* (ici) fête à l'occasion d'un examen — 9 *les sixième année médecine:* les étudiants qui sont en leur sixième année de médecine — 10 *gigoter* (fam.): agiter ses membres, tout son corps — 11 *transplanter:* (ici) mettre — 12 *le tapage:* un bruit violent et confus — 13 *estudiantin, e:* universitaire — 14 **vilain, e:** désagréable, insupportable — 15 **le crâne:** (ici) la tête — 16 *la conquête:* die Eroberung — 17 *la coupe:* (ici) la façon de couper, de tailler l'étoffe — 18 **la secousse:** le choc — 19 *la moelle épinière:* das Rückenmark — 20 *se livrer à:* exercer une activité — 21 **contourner qqch.:** en faire le tour — 22 *trottiner:* marcher à petits pas courts et pressés — 23 **bousculer qqn:** pousser, heurter qqn — 24 **devancer qqn:** être avant, précéder — 25 **craindre:** avoir peur

robe[1]. Puis il poussa un soupir[2] de soulagement[3], et se dit que son habituel charme demeurait[4] infaillible[5]. Elle l'avait vu venir, intriguée[6], et lui accorda[7] la danse, sans discuter.

Collés dans un corps à corps qui eût pu être fatal[8] au père Donatien si celui-ci avait pu quitter son presbytère[9] pour venir, par extraordinaire[10], jeter un coup d'œil à ce bal, ils dansèrent un air[11] sentimental, soigneusement distillé par la chaîne HI-FI[12] qui animait la soirée[13]. Le rythme du disque s'était greffé[14] dans leurs jambes et les portait doucement. Lui, c'était une veste blanche, une chemise de sport, un pantalon noir. Au sommet de cet édifice[15] vestimentaire[16], une tête, belle et séduisante[17], et à la base, des mocassins luisant[18] de cirage[19], et agressifs de leurs bouts pointus[20]. Elle, un corps jeune, souple[21] et élégant, une haleine[22] fraîche, et éclipsant[23] toutes ces belles choses, ce sourire.

Il ne sut jamais comment il s'y prit, mais ils se retrouvèrent en train de bavarder[24]. Du moins, il parlait et elle riait. Elle avait un rire clair, qui faisait le même effet que des perles qu'on égrène[25]. Il l'invita à sa table, elle refusa. Ils dansèrent encore, encore et encore. Des moments inoubliables. Ils se retrouvèrent sur la table que Si — ils avaient eu le temps de se présenter — partageait avec sa cousine et un autre garçon.

Elle parlait doucement, par courtes phrases, ne faisant aucun effort pour entretenir[26] la conversation, se contentant de répondre, en sertissant[27] le tout de son rire. Elle le servait

---

1 *se dérober:* échapper, fuir — 2 **le soupir:** der Seufzer — 3 **le soulagement:** die Erleichterung — 4 **demeurer:** rester — 5 **infaillible:** efficace, vainqueur — 6 **intrigué, e:** perplexe — 7 **accorder:** ant. refuser — 8 **fatal, e:** (ici) mortel, dangereux — 9 **le presbytère:** das Pfarrhaus — 10 **par extraordinaire:** par un événement peu probable — 11 **l'air** (n. m.): (ici) la mélodie — 12 **la chaîne Hi-Fi:** die Stereoanlage — 13 **animer la soirée:** la rendre vivante et amusante — 14 *greffer:* (ici) introduire, insérer — 15 **l'édifice** (n. m.): le bâtiment, le monument — 16 *vestimentaire:* ce qui a rapport aux vêtements — 17 **séduisant, e:** avoir du charme — 18 *luire:* briller — 19 **le cirage:** die Schuhcreme — 20 **pointu, e:** ant. arrondi — 21 **souple:** flexible, élastique — 22 *l'haleine* (n. f.): le souffle — 23 *éclipser:* cacher, voiler — 24 **bavarder** (fam. et parfois péj.): parler, causer — 25 *égrener:* (ici) présenter — 26 **entretenir qqch.:** le faire durer — 27 *sertir:* einfassen, umrahmen

généreusement, et on ne se fatiguait jamais de le déguster[1]. Il était exquis, ce rire.

C'était un petit rire concentré[2] de séduction[3] et de sympathie, additionné[4] de spontanéité ingénue[5]. Il était décidé à se l'approprier[6] par tous les moyens. Ses avances[7] se noyèrent[8] dans la bonne humeur de la fille. Elle ne se refusait pas, et ne se donnait nullement. Elle se contentait de rire. Et puis, comme on se jette à l'eau, son sourire s'éclipsa[9] un moment, au grand regret du garçon, et elle parla. Elle lui fixa ce rendez-vous au carrefour, en précisant qu'elle serait devant ce bar qui faisait face au terminus[10] de la ligne de bus desservant[11] son quartier.

Elle regrettait d'ailleurs ce bal. Mais il est rare que la vie terne[12] d'une petite vendeuse de beignets[13] soit traversée par une étincelle[14] de joie aussi éblouissante[15] que celle que sa cousine avait provoquée. Avec la même rapidité qu'un goal-keeper[16] bondissant[17] sur une balle de penalty[18], elle avait happé[19] cette occasion au passage. Elle avait frémi[20], de la fièvre des premiers bals, et avait vécu son rêve. Elle avait dansé, elle avait été courtisée[21] par le plus beau garçon de la salle. Elle avait été une comète, un météore qui brûle si brièvement, mais si violemment, qu'il éclipse[22] les étoiles. Elle avait effacé les plus brillantes, les plus élégantes, les plus jolies. Elle s'était sentie puissante, leur égale. Et la courbe[23] de son ascension[24] avait fléchi[25], et le météore était

---

1 *déguster:* (ici) apprécier, savourer — 2 **concentré, e de:** plein de — 3 **la séduction:** cf. séduire qqn/plaire à qqn, charmer qqn — 4 **additionner:** ajouter — 5 *ingénu, e:* innocent, simple — 6 *s'approprier qqch.:* prendre, saisir, faire sien — 7 **l'avance** (n. f.): faire des avances à qqch:tenter de nouer de bonnes relations avec lui — 8 **se noyer:** (ici) se perdre — 9 *s'éclipser:* disparaître momentanément — 10 *le terminus:* dernière station d'une ligne de transport — 11 **desservir un lieu:** faire le service de (en parlant d'un moyen de transport) — 12 **terne:** triste, gris — 13 *le beignet:* pâte frite enveloppant un aliment, petit gâteau — 14 *l'étincelle* (n. f.): (ici) petite lueur — 15 **éblouissant, e:** brillant — 16 *le goal-keeper* (anglais): le gardien de but — 17 **bondir:** se jeter, sauter — 18 *le penalty:* der Elfmeter — 19 *happer qqch.:* le saisir, l'attraper — 20 *frémir:* être agiter d'un tremblement causé par le froid ou une émotion — 21 *courtiser qqn:* faire la cour à qqn — 22 *éclipser:* cacher, voiler — 23 *la courbe:* l'arc, le boucle — 24 *l'ascension* (n. f.): (ici) la montée — 25 **fléchir:** baisser, s'effondrer

retombé, vil[1] objet terne[2] et oublié, le bal fini. Il y avait eu ce rendez-vous, mais il n'avait fait que l'enfoncer[3] dans sa grisaille[4] quotidienne[5].

Elle l'avait vu s'avancer vers elle de son pas souple[6] et sûr. Leurs regards s'étaient croisés[7]. Il l'avait reconnue, s'était arrêté, comme si la source d'énergie qui l'animait[8] se fût soudainement[9] tarie[10]. Il avait hésité. Pendant un moment, ses yeux avaient écorché[11] son cœur, en détaillant[12] impitoyablement[13] les taches d'huile qui maculaient[14] son T-shirt, les déchirures[15] qui constellaient[16] le vieux pagne[17] qui cachait laborieusement[18] ses reins et ses jambes, la pâte blanche qu'elle roulait dans ses mains avant de la jeter dans l'huile.

Minute de vérité, minute atroce[19]. D'elle, il n'avait vu que cette écorce[20], il n'avait retenu que ces habits qu'aurait boudés[21] un épouvantail[22] digne[23] de ce nom. Il n'avait vu que cette pâte à beignets[24]. Elle lui donnait le gîte[25], le couvert[26] et la pension de son petit frère, en cinquième dans un collège. Elle apportait la sécurité financière[27] que ne pouvait fournir[28] ce père mort trop tôt. Elle avait hérité[29] de la maestria[30] culinaire[31] qui avait fait la célébrité de sa mère,

---

1 *vil, e:* indigne, misérable — 2 *terne:* triste, gris — 3 **enfoncer qqn ou qqch.:** (ici) le jeter — 4 *la grisaille:* la monotonie — 5 **quotidien, ne:** de tous les jours — 6 **souple:** élastique — 7 **se croiser:** se rencontrer — 8 **animer:** donner de la vie — 9 **soudainement** (adv.): tout d'un coup, brusquement — 10 *se tarir:* (ici) s'arrêter — 11 **écorcher:** (ici) rendre visible — 12 *détailler* (littér.): considérer avec toutes ses particularités (jmdn. mustern) — 13 **impitoyable:** sans pitié, sans compassion, cruel — 14 *maculer:* tacher — 15 **la déchirure:** cf. déchirer/mettre en pièces — 16 *consteller:* couvrir — 17 **le pagne:* vêtement africain d'étoffe ou de feuilles qui sert de culotte ou de jupe — 18 *laborieusement:* avec soin — 19 **atroce:** terrible, affreux — 20 *l'écorce* (n. f., ici fig.): l'apparence — 21 **bouder:** fâcher — 22 *l'épouvantail* (n. m.): die Vogelscheuche — 23 **digne de qqch.:** le mériter par ses qualités — 24 *le beignet:* pâte frite enveloppant un aliment, petit gâteau — 25 *le gîte:* un lieu que l'on trouve à se loger — 26 *le couvert:* (ici) ce qui couvre les frais pour la nourriture — 27 **financier, ère:** (ici) d'argent — 28 **fournir:** donner — 29 **hériter:** erben — 30 *la maestria* (italien): la maîtrise, la perfection — 31 *culinaire:* qui a rapport à la cuisine

avant que la maladie ne l'épingle[1] définitivement dans ce lit qu'elle ne quittait plus depuis plusieurs années. Elle était tout pour elle, cette pâte.

Sa clientèle était nombreuse et friande[2]. Ses beignets[3] pouvaient calmer les estomacs les plus creux, ils n'avaient jamais lassé[4] une paire de maxillaires[5], et aucune langue ne s'était jamais déclarée déçue par leur goût. Chaque soir, dès seize heures, elle s'installait. Accompagnant en sourdine[6] avec un air[7] à la mode le chantonnement[8] de l'huile dans la casserole, elle faisait frire[9], jusqu'à l'heure où le peuple désertait[10] la place du carrefour pour se réfugier[11] dans les draps. Mais ce soir-là, elle était rentrée avant. Sans cœur, car celui-ci était parti dans un taxi, avec le jeune homme au costume rayé. Sans entrain[12], car celui-ci était sorti, dissous[13] dans les larmes[14] qu'elle avait versées[15]. Elle se répétait qu'il ne méritait pas ses pleurs[16], et elle sanglotait[17] de plus belle[18].

Les gourmets[19] furent surpris et catastrophés, le petit frère aussi. Chaque soir, il allait aider sa sœur. Il surveillait les clients, pour détecter[20] ceux qui ne payaient pas ce qu'ils mangeaient. Jusqu'à présent, sa présence s'était avérée[21] inutile, car il ne serait jamais venu à l'idée de personne d'escroquer[22] la petite vendeuse de beignets[3].

Quand elle était rentrée, plus tôt qu'à l'accoutumée[23], sa mère en avait oublié ses lamentations[24], surprise et peinée par les larmes[14] de sa petite fille. Elle ne posa aucune

---

1 *épingler qqn:* l'attacher — 2 *friand, e:* d'un goût exquis — 3 *le beignet:* pâte frite enveloppant un aliment, petit gâteau — 4 **lasser:** fatiguer, ennuyer — 5 *le maxillaire:* der Kiefer — 6 *en sourdine:* discrètement — 7 **l'air** (n. m.): (ici) la mélodie — 8 *le chantonnement:* cf. chantonner/chanter à mi-voix — 9 *frire:* cuire dans l'huile bouillante — 10 *déserter:* (ici) quitter — 11 **se réfugier:** trouver un refuge, se cacher — 12 **l'entrain** (n. m): la bonne humeur — 13 **dissoudre:** (ici) disparaître — 14 **la larme:** liquide qui coule des yeux quand on pleure — 15 **verser des larmes:** pleurer — 16 *les pleurs* (n. m. pl., littér.): les larmes, les sanglots — 17 *sangloter:* schluchzen — 18 *de plus belle:* de nouveau et encore plus fort — 19 *le gourmet:* personne qui apprécie le raffinement en matière de boire et de manger — 20 *détecter:* découvrir — 21 *s'avérer:* se montrer, paraître — 22 *escroquer qqn:* (ici) voler — 23 *à l'accoutumée:* comme d'habitude — 24 *la lamentation:* suite de paroles exprimant le regret douloureux

question, et retint ses gémissements[1] pour ne pas troubler la prostration[2] larmoyante[3] de sa fille. Là-bas, dans le coin, sur sa minuscule table, un petit garçon feignait[4] de se concentrer sur ses livres, alors qu'il essayait, de toute l'acuité[5] de son cerveau[6], de percer[7] le douloureux[8] mystère qui faisait souffrir sa sœur.

Ce soir-là, dans le petit taudis[9] qui abrite ces trois personnages, personne ne parle, personne ne mange, personne ne sourit. La tristesse règne[10], comme une sinistre[11] souveraine testant[12] de nouvelles brimades[13] sur des sujets déjà éprouvés[14].

Il y avait deux choses que Serge détestait: être appelé par son nom, et être interpellé[15] dans sa langue. Quand il promit au taxi-man le double du tarif habituel s'il le déposait devant une salle de cinéma — la meilleure et la plus chère bien sûr — celui-ci, comme une téméraire[16] provocation, commit[17] ces deux fautes qu'il tolérait le moins. Depuis que Serge était monté dans le taxi, il n'avait cessé de l'observer dans son rétroviseur[18], mijotant[19] sûrement son forfait[20].

Les principes les plus stupides ressemblent aux plus nobles idéaux. Le snobisme en est, et on lui rend toujours un culte fervent[21], ce qui fait des affaires d'or pour certains petits malins[22], toujours à l'affût[23] des filons[24] les plus exploitables[25]. Rien ne justifierait[26] le prix exorbitant[27] du champa-

---

1 *le gémissement:* expression de la douleur — 2 *la prostration:* l'apathie, la peine — 3 *larmoyant, e:* cf. larmoyer/pleurer — 4 **feindre de faire** qqch.: faire semblant de faire qqch. — 5 *l'acuité* (n. f.): l'intensité — 6 **le cerveau**: das Gehirn — 7 **percer un mystère**: le découvrir — 8 *douloureux, euse:* pénible, triste — 9 *le taudis:* logement misérable — 10 **régner**: (ici) exister — 11 **sinistre**: d'une grande tristesse — 12 *tester:* essayer — 13 **la brimade:** la vexation — 14 *éprouvé, e:* malheureux — 15 **interpeller qqn**: lui adresser la parole brusquement — 16 *téméraire:* très courageux — 17 **commettre:** faire — 18 *le rétroviseur:* der Rückspiegel — 19 *mijoter:* faire cuire ou bouillir lentement (ici au sens fig.) — 20 *le forfait:* (ici) le prix, le profit — 21 *fervent, e:* admirateur, brulant — 22 **malin, maligne:** rusé, intelligent — 23 *être à l'affût de:* guetter l'occasion de saisir ou de faire — 24 *le filon:* (ici) une occasion de s'enrichir — 25 **exploitable:** profitable — 26 **justifier qqch.:** l'excuser — 27 *exorbitant, e:* très cher, excessif

gne et du caviar s'il n'y avait le snobisme. Si Dieu a fait l'homme à son image, le snob lui se fait une image avec des règles et des principes, pour lui sacrés. Mais il arrive que le plus intransigeant[1] des snobs se heurte[2] à lui-même, à ses propres sentiments, par l'entremise[3] d'une vulgaire vendeuse de beignets[4]. Alors s'effectue[5] en lui une gigantesque dichotomie[6]. Conserver son image de marque, en oubliant son cœur dans quelque taudis[7], là-bas, au fond d'un quartier populaire, ou alors[8], briser ses idoles et brûler ses autels[9] en bravant[10] l'hilarité[11] moqueuse[12] et condescendante[13] de ses coreligionnaires[14]?

Serge venait de décider en proposant au taxi-man de le laisser dans un des temples de la haute-société, quand ce dernier commit[15] les deux outrages[16], qui ne le mirent pas en colère, car il était dans un état second[17], et ses réactions habituelles lui échappaient encore. Le conducteur continuait d'ailleurs:

— Ne te souviens-tu point[18] de moi? Au cours d'initiation[19] pourtant, nous étions assis sur le même banc, derrière un petit métis[20] à qui nous pincions souvent les oreilles, pour le plaisir de les voir rougir sous la douleur[21].

Cette petite scène de sadisme et de racisme infantile lui revint[22], et il se remémora[23] le vilain[24] plaisir qu'il tirait de cette distraction[25].

---

1 **intransigeant, e:** inflexible — 2 **se heurter à qqch.:** le rencontrer comme obstacle — 3 *l'entremise* (n. f.): l'intervention, le moyen — 4 *le beignet:* pâte frite enveloppant un aliment, petit gâteau — 5 **s'effectuer:** se produire, naître — 6 *la dichotomie:* (ici) la contradiction — 7 *le taudis:* logement misérable — 8 *ou alors:* ou d'autrepart — 9 *l'autel* (n. m.): table où l'on célèbre un sacrifice religieux — 10 **braver un danger:** l'affronter sans peur — 11 *l'hilarité* (n. f.): une plaisanterie qui déchaîne — 12 **moqueur, euse:** qui a l'habitude de se moquer — 13 *condescendant, e:* hautain, arrogant — 14 *le coreligionnaire:* celui qui a la même religion — 15 **commettre:** faire — 16 *l'outrage* (n. m.): une offense, une insulte — 17 *être dans un état second:* anormal — 18 *ne . . . point* (littér.): ne . . . pas — 19 **l'initiation* (n. f.): en Afrique, introduction d'un garçon à la société des hommes pendant laquelle se fait la circoncision (die Beschneidung) — 20 **le métis:* le mulâtre — 21 **la douleur:** sensation pénible — 22 *revenir à qqch.:* se souvenir de qqch. — 23 *se remémorer:* se rappeler — 24 **vilain, e:** stupide, bête — 25 **la distraction:** le passe-temps

L'autre continuait, lui exposait toutes les difficultés auxquelles il avait eu à faire face dans la vie, avant d'acquérir[1] la machine dans laquelle ils roulaient. Il s'étendait sur ses misères et les difficultés de l'existence, et malgré tout, gardait cet optimisme à toute épreuve[2] qui caractérise ceux de sa classe.

Il avait une drôle de conception de son métier, qui le lui faisait considérer comme le meilleur du monde. A l'en croire, il n'avait qu'à ouvrir la bouche, pour que toutes les filles se précipitent, complètement déshabillées, dans son lit. Il était informé sur tout ce qui se passait en ville, et avait toute la liberté du monde pour lui. Son bonheur se résumait dans cette expression lapidaire[3]: «On vit», l'indéfinition[4] désignant[5], non seulement lui, mais tous ceux qui partageaient la même existence, tous ceux qui s'associaient[6] de près ou de loin à ce bonheur, à cette joie de vivre qui débordait souvent par un rire sonore et franc trahissant[7] le mal qu'avait le for intérieur[8] à la contenir.

Serge Ekongolo-Ongolo était habitué à voir les gens se pâmer[9] devant lui, émus par le titre de docteur qu'il endosserait[10] bientôt, désireux[11] de le courtiser[12], pour réserver des traitements gratuits à leurs futures maladies, ou pour des libations[13] aux liqueurs d'importation qu'il ne manquerait pas d'offrir aux siens. Son personnage d'embryon de docteur fascinait le monde autour de lui, et c'est sur cette fascination qu'il avait bâti son image.

Pourtant, ni son costume, de la meilleure des coupes[14], ni ses titres à venir et ses diplômes n'affectaient[15] son conduc-

---

1 **acquérir qqch.:** en devenir propriétaire — 2 **l'épreuve** (n. f.): (ici) le malheur — 3 *lapidaire:* court — 4 *l'indéfinition* (n. f., néol.): cf. indéfini/vague, incertain — 5 **désigner:** (ici) meinen — 6 **s'associer à qqch.:** participer à qqch. — 7 **trahir:** (ici) dévoiler ce qui est caché — 8 *le for intérieur:* le tribunal de la conscience — 9 *se pâmer:* être paralysé — 10 *endosser un titre:* porter un titre — 11 **désireux, euse:** qui a envie de — 12 *courtiser qqn:* faire sa cour à qqn en vue d'obtenir quelque faveur — 13 *la libation:* cf. faire des libations/boire abondamment de l'alcool — 14 *la coupe:* la façon de tailler — 15 **affecter qqn:** (ici) toucher qqn

teur. Celui-ci manifestait[1] d'ailleurs une certaine condescendance[2] à son égard[3], vantant[4] sa santé de fer.

— Si je ne fais pas un accident, où peux-tu me voir à l'hôpital? Hé! vous êtes là-bas à vous remplir la tête, et pendant ce temps, nous on vit. Quand tu sortiras, tu seras un grand type, mais je m'en fous[5] des grands types. Pourtant, eux, ils ne peuvent se passer[6] des taxis et des taxi-men.

Il rigola[7] comme s'il venait de réussir une bonne farce[8].

Il pointait[9] du doigt tous les cubes[10] de béton et de verre que l'homme bâtit pour s'y enfermer au nom de l'argent, et que l'on appelle immeubles. Lui il les baptisait[11] prisons. Il plaignait tous ceux qui s'y séquestraient[12] huit heures par jour et n'avaient point[13] les routes, les rues et la ville entière à leur disposition[14] comme lui-même. Il parlait un français coloré[15] d'expressions prélevées[16] sur des langues autochtones[17] et sur le pidgin english[18], qui le rapprochait curieusement de tous ses interlocuteurs[19], sans le rendre vulgaire. D'ailleurs, ses manières, très cavalières, sa langue, celle du peuple, son rire généreux[20], la négligence[21] de son habillement, le fantasque[22] qui l'habitait, tout ce que Serge avait soigneusement évité jusqu'ici, n'arrivaient point[13] à le déprécier[23]. Il était si sincère, si spontané dans son personnage, qu'il se situait au-delà[24] de toute vulgarité, mais exsu-

---

1 **manifester:** montrer — 2 *la condescendance:* l'arrogance, l'hauteur — 3 **à l'égard de qqn:** envers qqn — 4 **vanter qqch.:** louer, glorifier qqch. — 5 **s'en foutre de qqch.** (pop.): se moquer de, se ficher de — 6 **ne pas pouvoir se passer de qqch.:** en avoir besoin — 7 **rigoler** (fam.): rire — 8 **la farce:** la blague; faire une farce/jouer un tour — 9 **pointer:** montrer — 10 **le cube:** un volume dont les six faces sont des carrés égaux — 11 **baptiser:** taufen — 12 *se séquestrer:* s'enfermer — 13 *ne . . . point* (littér.): ne . . . pas — 14 **avoir à sa disposition:** avoir pour soi — 15 *coloré, e de:* (ici) plein de — 16 **prélever qqch. sur qqch.:** prendre de, tirer de qqch. — 17 **autochthone:* originaire du pays (autochton) — 18 **le pidgin english:* langage composé des éléments de l'anglais et des langues autochtones — 19 *l'interlocuteur* (n. m.): la personne à qui on parle — 20 *généreux, euse:* large, désintéressé — 21 **la négligence:** le manque de soin — 22 *le fantasque:* la bizarrerie — 23 *déprécier qqn:* mépriser, mésestimer qqn — 24 **au-delà:** (ici) loin de

dait[1] une sympathie insidieuse[2], contagieuse[3], une sympathie aussi maligne[4] qu'une tumeur cancéreuse[5]. On ne pouvait en éviter les atteintes[6]. Serge n'était point[7] immunisé[8] contre ce genre d'affection[9], quoiqu'il l'affirmât hautement.

Il se retrouva en train de bavarder[10] presque amicalement avec le personnage. Peu à peu, le piédestal[11] du haut duquel il avait toujours regardé les gens fondait[12] sous l'action de la chaleur qui émanait[13] de l'autre. Quand ils arrivèrent devant le cinéma, Serge proposa au chauffeur de le redéposer là où il l'avait ramassé. Il expliqua brièvement: «Une femme!» L'autre explosa d'un rire sonore[14] et vira[15]. Serge avait parlé, spontanément, dans sa langue maternelle.

— Vous vous êtes querellés[16]? Cela lui paraissait la chose la plus banale du monde.

— Non, je vais t'expliquer.

Et il lui dit. En omettant[17] cependant[18] de préciser, car lui-même ne s'en apercevait[19] pas encore très bien, même s'il le sentait confusément, que c'était la spontanéité, la simplicité et la sympathie du taxi-man qui l'avaient amené à changer en le faisant descendre du haut de l'estrade[20] sur lequel il se posait par rapport aux autres, estrade[20] qu'il avait bâtie avec des cravates, très élégantes, des smokings bien coupés, des chaussures scintillantes[21] de cirage[22], un langage châtié[23], des manières affectées[24], le tout importé.

---

1 *exsuder:* sortir à la façon de la sueur — 2 *insidieux, euse:* rusé — 3 **contagieux, euse:** une maladie contagieuse (comme la grippe) se transmet facilement — 4 **malin, maligne:** rusé, intelligent — 5 **la tumeur cancéreuse:** die Krebsgeschwulst — 6 **l'atteinte** (n. f.): cf. atteindre/toucher — 7 *ne ... point* (littér.): ne ... pas — 8 *immunisé, e contre:* (ici) protégé contre — 9 **l'affection** (n. f.): sentiment de tendresse, d'amitié moins fort que l'amour — 10 **bavarder** (fam. et parfois péj.): parler, causer — 11 *le piédestal:* le socle d'un monument — 12 **fondre:** passer de l'état solide à l'état liquide — 13 **émaner de qqn:** provenir de qqn — 14 *sonore:* éclatant, fort — 15 **virer:** (ici) faire demi-tour — 16 *se quereller:* se disputer — 17 **omettre:** oublier — 18 **cependant:** toutefois, pourtant — 19 **s'apercevoir de qqch.:** remarquer qqch. — 20 *l'estrade* (n. f.): (ici) petite tribune pour un monument — 21 *scintiller:* briller — 22 **le cirage:** avec le cirage on traite les chaussures pour les faire briller — 23 **châtier:** (ici) corriger, épurer — 24 *affecté, e:* arrogant

Avec cet homme qui tenait le volant, il avait découvert la noblesse et la fierté sans orgueil[1], la simplicité sans vulgarité, la fraîcheur et la joie de vivre sans trivialité, la spontanéité sans antipathie.

— Vous autres longs crayons[2], qu'est-ce que vous cherchez même? Tu vois une petite qui se débrouille[3], et tu la fuis. Si ça avait été une bordelle[4], ou une voleuse même, tu aurais foncé[5]. C'est pour ça que les filles vous roulent[6] souvent. Si elle te plaît, tu fonces[5], non? Parce qu'elle fait les beignets[7], tu crois qu'elle a quoi moins que les autres? Tu crois que celles que tu vois d'habitude là la dépassent[8]? C'est peut-être parce qu'elle ne s'habille pas ou quoi? Si c'était moi ... Vendre les beignets[7] c'est pas un péché[9], non?

Ce reproche, émis[10] spontanément, toucha Serge sans l'irriter[11], ce qui est rare.

Quand la nouvelle se répandit[12] qu'on avait vu Serge tenant une lampe tempête au-dessus du foyer[13] fumeux[14] d'une petite vendeuse de beignets[7], personne ne le crut. Surtout que le malicieux[15] qui le disait ajoutait perfidement[16] qu'il s'était habillé très élégamment pour épater[17] au mieux la marchande[18], et que son pantalon blanc avait même ramassé[19] la suie[20] du foyer[21]. Quand les rires que soulevaient ces détails se calmaient, il assaisonnait[22] son récit[23] en

---

1 l'orgueil (n. m.): opinion trop bonne de son importance, de sa valeur — 2 le crayon: (ici) titulaire de grands diplômes, très instruit, qui est allé loin dans ses études — 3 se débrouiller: (ici) s'arranger pour réussir dans la vie — 4 la bordelle (fam.): (ici) femme d'une mauvaise réputation — 5 **foncer** (fam.): se précipiter sur — 6 **rouler qqn**: le tromper — 7 le beignet: pâte frite enveloppant un aliment, petit gâteau — 8 **dépasser qqn**: être supérieur à qqn — 9 le péché: die Sünde — 10 **émettre**: prononcer, exprimer — 11 **irriter**: enrager — 12 **se répandre**: circuler — 13 le foyer: (ici) petite table pour y faire la cuisine — 14 **fumeux, euse**: où il y a de la fumée — 15 malicieux, euse: méchant, malin — 16 perfidement (adv.): méchamment — 17 **épater qqn**: étonner qqn — 18 la marchande: (ici) la clientèle — 19 **ramasser**: (ici) être taché par — 20 la suie: le noir de fumée — 21 le foyer: (ici) petite table pour y faire la cuisine — 22 **assaisonner** (fig.): mettre du sel, du poivre, des épices etc. — 23 **le récit**: l'histoire

précisant que la fumée du foyer[1] le faisait tellement larmoyer[2] qu'il y avait lieu de craindre[3] pour sa vue.

Tout le monde fut consterné[4] le jour où il confirma[5] la nouvelle avec son sourire le plus radieux[6] en ajoutant que c'était sa fiancée[7] qui faisait les fameux[8] beignets[9].

---

1 *le foyer:* (ici) petite table pour y faire la cuisine — 2 *larmoyer:* pleurer, verser des larmes — 3 **craindre pour:** trembler pour — 4 *consterné, e:* perplexe — 5 **confirmer qqch.:** affirmer qqch. qui n'était pas sûr — 6 *radieux, euse:* brillant, heureux — 7 *la fiancée:* die Verlobte — 8 **fameux, euse:** (ici) délicieux, excellent — 9 **le beignet:* pâte frite enveloppant un aliment, petit gâteau

1.4 Au ministère du soya[1]

Le piment[2] est une bénédiction[3] du ciel, et les délices[4] que promettent les missionnaires dans le paradis de leur Dieu ne doivent rien valoir à côté du savoureux[5] incendie[6] qui enflamme[7] le palais[8] qui déguste[9] cet Everest de l'art culinaire[10] qu'est la viande en tranches ou en brochettes[11] grillées au feu, le soya[1].

Le piment[2] est une merveille, aussi contestable[12] que soit cette assertion[13]. La bouche qui a dégusté[9] du soya[1] ne peut la contester[14] cependant[15]. Le piment[2] devait être créé. Et Dieu n'a pas failli à sa tâche[16]. Les merveilles que sont la baleine[17] bleue, l'ornithorynque[18], le cygne[19] noir ou le séquoia[20] ne lui firent pas oublier ce végétal[21], si indispensable[22] dans la cuisson[23] du soya[1]. Et pour que les mortels[24] puissent connaître toute l'importance de cette divine[25] attention à leur égard[26], Dieu créa les maguidas[27], terme[28] qui désigne[29] les populations de type soudanais[30] habitant originellement la province septentrionale[31] de notre pays. Dieu créa aussi les bœufs. Les seconds, élevés et égorgés[32]

---

1 *le soya: (ici) plat africain − 2 *le piment: une épice très piquante (Pfeffergewürz) − 3 la bénédiction: (ici) le cadeau − 4 le délice: le plaisir − 5 savoureux, euse: appétissant, agréable à manger − 6 **l'incendie** (n. m., fig.): grand feu qui détruit qqch. − 7 **enflammer qqch.**: mettre en feu − 8 le palais: (ici) der Gaumen − 9 déguster: manger avec grand plaisir − 10 culinaire: qui a rapport à la cuisine − 11 la brochette: petite pièce de bois ou de métal servant à faire griller de petites pièces de viande − 12 **contestable**: discutable − 13 l'assertion (n. f.): la thèse, l'affirmation − 14 **contester qqch.**: ant. être d'accord avec − 15 **cependant**: pourtant − 16 la tâche: la besogne, le devoir − 17 la baleine: der Wal − 18 l'ornithorynque (n. m.): das Schnabeltier − 19 le cygne: der Schwan − 20 le séquoia: der Mammutbaum − 21 **le végétal**: la plante − 22 **indispensable**: absolument nécessaire − 23 la cuisson: l'action de cuire − 24 **le mortel**: tous les hommes sont des mortels, ils doivent mourir − 25 divin, e: comme fait par Dieu − 26 à l'égard de qqn: vis-à-vis de qqn − 27 *le maguida: membre de la population de type soudanais − 28 **le terme**: le mot, l'expression − 29 **désigner**: nommer − 30 soudanais, e: cf. le Soudan − 31 septentrional, e: du nord − 32 égorger: abattre, tuer

par les premiers, doivent être débités[1] en quartiers[2] et en tranches[3], avant d'être grillés sur la braise[4]. Puis ils sont baptisés[5] au piment[6], précieuse[7] opération qui fait de la chair[8] du commun des bovidés[9] un mets[10] digne[11] de la table des dieux, un soya[12] pour tout dire.

Nul[13] autre qu'un maguida[14] ne peut, avec la même virtuosité, avec le même bonheur, réussir cette alchimie[15]. Souriant, chantant, plaisantant, semblant ignorer eux-mêmes l'immense portée[16] du plus courant[17] de leurs gestes, les créateurs de la huitième et la plus quotidienne[18], la plus appétissante[19] aussi des merveilles du monde, chaque soir, transforment la plus banale des viandes, celle du bœuf, en soya[12].

Noir, dépenaillé[20], mince, élancé[21], déguenillé[22], de vieilles babouches[23] aux pieds, Garba descendit du taxi en catastrophe. Son bras élançait[24] atrocement[25]. Il l'avait bandé[26] dans un morceau d'étoffe crasseux[27] lequel, par un miracle de coloration, réussissait à prendre une teinte[28] plus foncée que celle dont la saleté l'avait maculé[29], en buvant le sang de la blessure qu'il protégeait. Garba fonça[30] à travers l'hôpital,

---

1 *débiter:* diviser — 2 **le quartier:** (ici) gros morceau — 3 **la tranche:** morceau fin et large de qqch. — 4 *la braise:* du bois réduit en charbon ardent — 5 *baptiser* (ici: fig.): taufen — 6 **le piment:* une épice très piquante (Pfeffergewürz) — 7 **précieux, euse:** (ici) est précieux ce à quoi on attache de la valeur sur le plan sentimental — 8 **la chair:** (ici) eßbares Fleisch — 9 *les bovidés* (n. m. pl.): la famille des bœufs, des chèvres, des antilopes etc. — 10 *le mets:* le repas — 11 **digne de qqch.:** convenable — 12 *le soya:* (ici) plat africain — 13 **nul, le** (littér.): personne — 14 **le maguida:* membre de la population de type soudanais — 15 *l'alchimie* (n. f.): (ici) la façon de préparer un repas — 16 **la portée:** l'effet, les conséquences — 17 **courant, e:** habituel, normal — 18 **quotidien, ne:** qui a lieu tous les jours — 19 **appétissant:** cf. l'appétit — 20 *dépenaillé, e:* qui est en lambeaux, déchiré — 21 **élancé, e:** mince et fin — 22 *déguenillé, e:* comme un clochard — 23 **la babouche:* pantoufle de cuir servant de chaussure — 24 **élancer:** (ici) causer des douleurs violentes — 25 **atroce:** affreux, horrible — 26 **bander:** mettre une bande, un pansement — 27 **crasseux, euse:** sale — 28 **la teinte:** la couleur — 29 *maculer:* tacher — 30 **foncer** (fam.): aller très vite

cherchant la salle de garde¹. A vingt-deux heures, on n'y rencontrait pas grand monde, sauf pourtant cette malade en train de prendre l'air, et qui lui indiqua le service des urgences.

Il avait dû se couper une artère, car le sang s'était mis à gicler² dès que la lame³ de son couteau avait entamé⁴ sa chair⁵. Il découpait⁶ la viande qu'il devait servir à un client. Il était particulièrement gai ce soir-là, car les gourmets⁷ ne cessaient d'affluer⁸ devant son foyer⁹. Il découpait⁶ à tour de bras¹⁰, activant le feu pendant ses moments d'accalmie¹¹. Il racontait en même temps des histoires égrillardes¹² à ses camarades et à ses clients, et n'hésitait pas à siffler ou à interpeller¹³ une jolie passante. C'est en suivant le jeu aguichant¹⁴ et — il s'en rendait compte maintenant — dangereux du derrière de l'une d'elles que, par distraction¹⁵, il s'était coupé la main, égorgeant¹⁶ du même coup l'entrain¹⁷ qui le remplissait.

Il ne pouvait juger de la gravité de la blessure, et avait regardé d'un air stupide et hébété¹⁸ son sang gicler² allégrement¹⁹ de sa main. Un voisin compatissant²⁰ lui avait fait un garrot²¹ à la hâte²² pour stopper l'hémorragie²³ et avait entouré sa blessure de l'invraisemblable²⁴ bandage qui décorait²⁵ sa main.

Il s'égara²⁶, se renseigna en retournant voir la malade qui

---

1 **la salle de garde:** (ici) l'ambulance — 2 *gicler:* jaillir avec une certaine force — 3 **la lame:** la partie tranchante du couteau — 4 **entamer qqch.:** (ici) en couper un morceau — 5 **la chair:** (ici) la partie molle du corps — 6 **découper:** couper — 7 **le gourmet:** personne qui aime manger en qualité — 8 **affluer:** arriver en grand nombre — 9 *le foyer:* (ici) petite table où l'on prépare qqch. à manger — 10 *à tour de bras:* de toute sa force — 11 *le moment d'accalmie:* le moment calme — 12 *égrillard, e:* libre, osé; ant. pudique — 13 *interpeller qqn:* s'adresser à qqn — 14 *aguichant, e:* provocant — 15 **par distraction:** par inattention — 16 *égorger:* (ici) terminer — 17 **l'entrain** (n. m.): (ici) la vivacité — 18 *hébété, e:* stupide — 19 *allégrement:* vivement — 20 *compatissant, e:* qui a de la pitié — 21 *faire un garrot:* abbinden — 22 **à la hâte:** vite — 23 *l'hémorragie* (n. f.): die Blutung — 24 **invraisemblable:** incroyable, bizarre — 25 *décorer:* schmücken — 26 **s'égarer:** perdre le chemin

lui avait indiqué le service de garde[1] et finit par s'y retrouver.

Dans le couloir y menant, deux infirmiers[2] semblaient tenir la rubrique d'humour[3] de l'hôpital et rigolaient[4] en se frappant les cuisses[5] chaque fois que l'un d'eux finissait de raconter une histoire. Leur humour était d'un goût très discutable, mais ils semblaient tellement fascinés par leurs propres chefs-d'œuvre[6] qu'ils ne prirent pas garde[7] à Garba quand il s'adressa à eux. Celui-ci dut subir[8] la suite du récit[9] en cours et la crise d'hilarité[10] consécutive[11] avant de placer le moindre[12] mot utile. Quand il put attirer leur attention, ce fut un exploit[13] digne de ces cascadeurs[14] qui prennent un train lancé à 250 km/h. Ils s'interrompirent alors et l'écoutèrent avec le même air que celui qu'aurait un type ayant oublié d'empêcher un lépreux[15] de tremper son pied dans son assiette de soupe.

Avant que le blessé ait fini ses explications, on l'expédiait[16] d'un ton tranchant[17] vers une salle à la porte entrouverte[18]. Il se croyait sauvé, alors que son calvaire[19] ne faisait que commencer. Passé le moment d'hébétude[20] qui l'empêchait de sentir la douleur[21] de son bras, jusque-là presque indolore[22] et paraissant simplement engourdi[23], il commençait à souffrir franchement[24]. Il lui semblait qu'on avait

---

1 **le service de garde:** die Notfallstation — 2 **l'infirmier** (n. m.): employé qui soigne le malade et aide le médecin — 3 *la rubrique d'humour:* partie d'un journal où il y a des blagues, des histoires amusantes — 4 **rigoler** (fam.): rire — 5 **la cuisse:** la partie supérieure de la jambe — 6 **le chef-d'œuvre:** les tableaux de Picasso sont des chefs-d'œuvre de la peinture — 7 **prendre garde à:** remarquer — 8 **subir:** supporter — 9 **le récit:** histoire d'événements réels ou imaginaires — 10 *l'hilarité* (n. f.): la gaieté, la joie — 11 *consécutif, ive:* se dit de choses qui se suivent dans le temps — 12 **le moindre:** le plus petit — 13 **l'exploit** (n. m.): un acte extraordinaire — 14 *le cascadeur:* au film, un acteur qui double les acteurs dans les actions dangereuses — 15 *le lépreux:* qqn qui a la lèpre — 16 **expédier qqn:** envoyer (comme un paquet) — 17 *tranchant, e:* affirmatif, dogmatique — 18 *entrouvert, e:* ouvert à moitié — 19 *le calvaire:* (ici) épreuve longue et douloureuse, le martyre — 20 *l'hébétude* (n. f.): die Stumpfsinnigkeit — 21 **la douleur:** sensation pénible — 22 *indolore:* ant. douloureux — 23 **engourdi, e:** paralysé — 24 **franchement:** (ici) vraiment, réellement

installé un ressort[1] dans son bras, et qu'un malicieux[2] bourreau[3] tirait dessus en le relâchant[4] à intervalles réguliers.

Il pénétra[5] dans la salle, et s'arrêta, frappé de stupeur[6]. La bouche ouverte, quelque chose dormait. Cela avait des bras et des jambes et aussi une figure aux traits[7] humains, grossiers peut-être, mais humains. Tout cela emballé[8] dans une peau grisâtre[9], luisante[10], boursouflée[11] à éclater[12] de cette mauvaise graisse[13] qui afflige[14] l'organisme des ivrognes[15] obèses[16]. C'était sûrement un homo sapiens, habillé de la toque[17] et de la blouse blanche des soignants[18].

Ses habits étaient déboutonnés[19] pour libérer ce grotesque hémisphère[20], cette incongruité[21] velue[22] répandue[23] sur ses cuisses[24] et retenue[25] à grand-peine par ses côtes et sa poitrine, son ventre.

C'était peut-être un homme, mais tel qu'il était là, il ressemblait beaucoup plus à un marécage[26], avec toute l'humidité qu'exsudait[27] sa peau, noirâtre[28] comme la fange[29] puante[30] des marais[31]. Une quantité surprenante de sueur dégoulinait[32] de lui, mouillait les habits, maculant[33] le siège[34] sur lequel il était assis.

---

1 *le ressort:* die Sprungfeder — 2 *malicieux, euse:* méchant — 3 *le bourreau:* der Scharfrichter — 4 **relâcher:** rendre moins tendu — 5 **pénétrer:** entrer, s'introduire — 6 *frappé, e de stupeur* (n. f.): étonné — 7 **le trait:** la ligne — 8 **emballé, e:** (ici) couvert — 9 *grisâtre:* entre le gris et le blanc — 10 **luisant, e:** brillant — 11 *boursouflé, e:* enflé, gonflé — 12 **éclater:** exploser — 13 **la graisse:** das Fett — 14 *affliger* (fig.): frapper — 15 **l'ivrogne** (n. m.): qqn qui boit beaucoup et régulièrement — 16 **obèse:** corpulent, énorme — 17 *la toque:* une coiffure portée par des cuisiniers ou des infirmiers — 18 *le soignant:* qqn qui soigne les malades — 19 *déboutonner:* ant. boutonner/fermer un vêtement par des boutons — 20 *l'hémisphère* (n. m.): die Halbkugel — 21 *l'incongruité* (n. f.): cf. incongru/ant.: congru, convenable — 22 *velu, e:* couvert de poil (comme un chien p. ex.) — 23 **répandre:** verser — 24 **la cuisse:** la partie supérieure de la jambe — 25 *retenir qqch.:* le tenir qu'il ne tombe pas — 26 *le marécage:* der Sumpf — 27 *exsuder:* sortir à la façon de la sueur — 28 *noirâtre:* presque noir — 29 *la fange:* boue presque liquide et souillée — 30 **puant, e:** cf. puer/sentir très mauvais — 31 *le marais:* der Morast, der Sumpf — 32 *dégouliner:* couler lentement, goutte à goutte — 33 *maculer:* salir, tacher — 34 **le siège:** un meuble pour s'asseoir

Ses poumons semblaient contenir un diesel tentant de tirer un camion-remorque[1] enlisé[2] sur une pente[3] abrupte, car il ronflait[4] à en briser[5] les vitres crasseuses[6] de la salle, au grand effroi[7] des moustiques et des papillons de nuit qui voletaient[8] de-ci de-là.

Les élancements[9] qui recommençaient à taquiner[10] le bras de Garba, un instant soulagé[11], tirèrent celui-ci de son ahurissement[12]. Il souffrait de plus en plus, atrocement[13], mais seule une légère crispation[14] de sa figure trahissait[15] sa douleur[16]. Un homme digne[17] de ce nom ne crie pas, ne gémit[18] pas, ne gesticule[19] pas sous l'effet de la douleur[16]. Il laisse toutes ces manifestations[20] aux femmes et aux enfants, et, dût-il être écorché[21] vif[22], il supporte[23]. Garba serra les dents. Son vrai problème n'était plus tellement son bras, mais la façon dont il allait se faire soigner par celui qui dormait là devant lui. Terrible dilemme[24]: le secouer eût été impoli, et il risquait de se faire rabrouer[25] par le dormeur ou par tout autre membre[26] du corps médical qui l'eût surpris dans cette triste besogne[27]. Il essaya d'appeler, mais si le sommeil ferme les yeux des dormeurs et laisse les oreilles ouvertes, celles d'en face semblaient imperméabilisées[28] au moindre[29] son. Et il ne pouvait appeler trop fort, car crier dans un hôpital lui semblait de la démence[30].

---

1 *le camion-remorque:* der Abschleppwagen — 2 *enliser:* enfoncer en terrain marécageux — 3 **la pente:** côte d'une montagne ou d'une colline — 4 **ronfler:** faire du bruit en respirant quand on dort — 5 **briser:** casser — 6 **crasseux, euse:** sale — 7 *l'effroi* (n. m., littér.): la peur, la crainte — 8 *voleter:* voler — 9 *l'élancement* (n. m.): la douleur — 10 **taquiner:** (ici) faire du mal — 11 **soulager:** faire disparaître une douleur ou une peine — 12 *l'ahurissement* (n. m.): l'étonnement, la stupeur — 13 **atroce:** affreux, terrible — 14 **la crispation:** cf. se crisper/se contracter — 15 **trahir:** (ici) montrer, laisser voir — 16 **la douleur:** sensation pénible — 17 **digne de qqch.:** qui mérite qqch. — 18 *gémir:* exprimer sa douleur d'une voix plaintive — 19 **gesticuler:** bouger sans cesse, faire des gestes — 20 **la manifestation:** (ici) un geste pour montrer qqch. — 21 **écorcher:** enlever la peau — 22 **vif, vive:** (ici) vivant — 23 **supporter:** subir — 24 *le dilemme:* le problème — 25 **rabrouer qqn:** traiter qqn avec rudesse — 26 **le membre:** (ici) personne qui fait partie d'un groupe — 27 *la besogne:* une action nécessaire — 28 *imperméabilisé, e* (fig.): (ici) qui est inaccessible (unempfindlich) — 29 **au moindre:** au plus petit — 30 *la démence:* (ici) une conduite extravagante

Il se demanda s'il ne valait pas mieux appeler les deux rigolos[1] du couloir, mais la gentillesse avec laquelle ils l'avaient accueilli[2] le refroidissait[3]. Il risquait de se faire houspiller[4], car il connaissait le personnel de l'hôpital de réputation[5]. On le disait particulièrement acariâtre[6], très rugueux[7] dans les manières, vous rabrouant[8] à la moindre[9] occasion, et même sans raison précise.

Ah! que n'avait-il un frère, un cousin dans cet hôpital, un parent docteur, sage-femme[10], infirmier, planton[11] ou même balayeur[12], simple employé dans une tâche[13] quelconque[14]. Mais hélas[15]! S'il avait un parent s'intéressant de près ou de loin à l'art de guérir les maux[16] des hommes, il ne s'en souvenait plus. Si pourtant[17]! Le frère cadet[18] de son grand-père était un guérisseur[19] réputé[20], mais loin là-bas, dans son village. Ici, il était sans secours ni recours[21], et devait se résoudre à aller trouver les deux du couloir s'il voulait se faire soigner.

Il allait s'y décider quand des pas résonnèrent[22] à la porte. Il se retourna. C'était l'un des infirmiers qui revenait, accompagné d'un jeune homme aux manières aisées[23], à la parole facile et claire. Ils s'exprimaient[24] tous les deux dans un idiome[25] inconnu de Garba. Leur langue maternelle, certainement. L'infirmier se dirigea vers une table où

---

1 *le rigolo:* qqn qui aime rigoler, rire — 2 **accueillir qqn:** le recevoir à son arrivée — 3 **refroidir qqn:** (ici) calmer son enthousiasme — 4 *houspiller:* maltraiter — 5 **la réputation:** l'opinion qu'on a de qqn — 6 *acariâtre:* de caractère désagréable, difficile — 7 *rugueux, euse:* rude — 8 *rabrouer qqn:* traiter qqn avec rudesse — 9 *le/la moindre:* le plus petit, la plus petite — 10 *la sage-femme:* die Hebamme — 11 *le planton:* (ici) employé inférieur qui s'occupe de tous les petits travaux — 12 *le balayeur:* cf. balayer/nettoyer le sol avec un balai — 13 **la tâche:** un travail déterminé qu'on doit exécuter — 14 **quelconque:** n'importe quel — 15 **hélas!:** leider! — 16 *les maux des hommes:* (ici) les maladies — 17 **si pourtant:** mais si — 18 **le frère cadet:** le frère plus jeune — 19 **le guérisseur:* médecin traditionnel en Afrique — 20 **réputé, e:** célèbre, connu — 21 **le recours:** cf. recourir à qqn/lui demander de l'aide — 22 *résonner:* faire du bruit — 23 **aisé, e:** (ici) d'une manière qui montre la richesse — 24 **s'exprimer:** parler — 25 **l'idiome** (n. m.): la langue

s'alignaient[1] diverses boîtes, des flacons[2], des fioles[3] et certains instruments comme des ciseaux, un stéthoscope, etc. Il commença à s'affairer[4], préparant visiblement une injection. Puis il dit quelque chose à son compagnon, et celui-ci commença à défaire[5] son pantalon.

C'est alors que l'infirmier, jetant les yeux autour de lui, s'écria[6] en français:

— Merde[7] alors! le truand[8] a bu tout l'alcool. Et il se précipita vers une bouteille qui traînait aux pieds du dormeur. Le petit millilitre[9] du fond[10] aurait à peine suffi à imbiber[11] le tampon de coton hydrophile[12] que tenait en main l'infirmier. Il réussit quand même à en frotter la fesse[13] de son client. Il s'indignait[14] contre l'éponge[15] qui avait absorbé[16] tout le liquide.

— Pourtant, c'est moi seul qui suis parti chercher cet alcool ce matin. Il y en avait tout un litre, et personne ne s'en est servi de la journée. Je me demande comment quelqu'un peut boire toute une bouteille d'alcool, sans songer[17] aux camarades, ni aux malades qui pourraient en avoir besoin. Comme si nous autres, on n'avait pas soif.

La piqûre était finie. Graba risqua:

— Et moi alors, dokta?

Il montra sa main. L'autre, visiblement irrité[18] par cette insolence[19], réagit brutalement.

— On t'a dit de venir voir celui-là, non?

Il parlait du dormeur.

— Vous avez peur de certaines gens et vous venez accabler[20] les autres. Je ne suis l'esclave[21] de personne ici,

---

1 **s'aligner:** être rangé sur une même ligne — 2 *le flacon:* une petite bouteille — 3 *la fiole:* une petite bouteille — 4 *s'affairer:* agiter, se montrer actif — 5 **défaire:** (ici) enlever — 6 **s'écrier:** dire en criant — 7 **merde!** (vulg.): Scheiße! — 8 *le truand:* le vagabond, le malfaiteur — 9 *le millilitre:* une très petite quantité — 10 *du fond:* en bas — 11 *imbiber:* tremper, mouiller — 12 *hydrophile:* qui absorbe l'eau — 13 **la fesse:** le derrière se compose de deux fesses — 14 **s'indigner:** se scandaliser — 15 **l'éponge** (n. f.): (ici) qqn qui boit beaucoup comme une éponge — 16 *absorber:* laisser pénétrer dans sa substance — 17 **songer à qqn:** penser à qqn — 18 *irrité, e:* énervé, en colère — 19 **l'insolence** (n. f.): l'impertinence — 20 **accabler qqn:** écraser, fatiguer — 21 **l'esclave** (n. m.): der Sklave

hein[1]! Depuis que tu es là, tu aurais dû lui dire de te soigner! Je ne suis pas le seul ici pour me charger de tout le travail. Si les autres refusent de faire leur part[2], je ne vais pas le faire à leur place, non?

— Mais dokta, ze n'arrivé pas[3] à le réveiller.

Dans nos hôpitaux, tout le monde est docteur, le moindre[4] perce-fesse[5] mérite ce titre, et quiconque[6] enfreint[7] ce règlement est taxé[8] d'insolent[9], ce qui n'est pas recommandé pour la santé des malades, car s'il est difficile de se faire soigner quand le corps médical ne vous reproche rien, il est impossible de le faire quand on l'a irrité[10].

— Ce n'est pas de ma faute s'il dort, non?

— Kesséké zé va férr alorr, dokta[11]. Si vous être là, pouvez quand même me soigner, non? Vous être aussi dokta comme lui, non?

— Tu me demandes ce que tu vas faire? Débrouille[12]-toi.

Il ramassa plusieurs flacons[13] et les tendit à son frère de tribu[14] qui les empocha[15].

— Me débrouiller? Mais zé suis[16] ici, non? Vous êtes là pour soigner les zens[17], non?

Il s'irritait[18].

— Tu me grondes[19]? C'est toi qui me paies pour me gronder[19]? N'importe qui vient gronder[19] ici. Vous croyez que nous sommes vos boys[20] ici? Toi-même là, si on te disait de faire le travail que je fais ici, tu peux le faire? Vois-moi ça! Tu me connais? Tu sais à qui tu as affaire[21]?

— Tu es quoi? Zé di[22] me soigner c'est tout. C'est ton

---

1 **hein!** (pop.): n'est-ce pas! — 2 **la part**: (ici) le travail — 3 <*ze n'arrivé pas*>: je n'arrivais pas — 4 **le moindre**: le plus petit — 5 *le perce-fesse* (pop.): qqn qui fait des piqûres (dans les fesses) — 6 **quiconque**: n'importe qui — 7 *enfreindre:* ne pas respecter — 8 *taxer qqn de qqch.:* le prendre pour qqch. — 9 *insolent, e:* impertinent — 10 **irriter qqn:** énerver qqn — 11 <*kesséké zé va férr, alorr, dokta*>: qu'est-ce que je vais faire alors? docteur — 12 **se débrouiller:** se tirer d'affaire, s'arranger — 13 *le flacon:* une petite bouteille — 14 **le frère de tribu:* qqn qui appartient à la même ethnie — 15 **empocher qqch.:** le mettre dans sa poche — 16 <*zé suis*>: je suis — 17 <*les zens*>: les gens — 18 **s'irriter:** se mettre en colère — 19 **gronder:** faire des reproches — 20 **le boy* (anglais): le servant — 21 **avoir affaire à qqn:** être en relation, en rapport avec qqn — 22 <*zé di*>: j'ai dit

hôpital ici? Tu être là pour soigner les malades, et il faut me soigner.

La fureur[1] de Garba augmentait.

— Gronde[2] alors ton esclave[3]. On va voir qui va te soigner. C'est toi qui es malade, et puis, si tu es si grand que ça, va dans une clinique privée et cesse de déranger les gens.

A ce point de la conversation, survint[4] l'infirmier qui était resté au couloir. Il accourait[5]. Il avait suivi les explications depuis le couloir et venait en médiateur[6]. Il jeta un coup d'œil au bras sanguinolent[7] de l'infortuné[8] et l'attira vers une table qui servait visiblement de bureau.

Il ramassa un carnet qui traînait par là, y arracha un feuillet[9] et prit un crayon à bille[10].

— Je vais te faire une ordonnance[11], annonça-t-il au blessé, du ton que l'on prend pour dire à quelqu'un qu'il a gagné le gros lot à la loterie nationale.

Celui-ci se sentit soulagé[12]. On allait enfin s'occuper de lui. Il ne demandait que ça. Il en oublia l'infirmier avec lequel il querellait[13] et son cœur se gonfla d'espoir, augmenté par l'audition[14] de la liste des produits qu'on lui prescrivait[15].

— Il vous faudra de l'alcool, du mercurochrome[16], des bandes, des compresses, du sparadrap[17], de la pénicilline...

---

1 **la fureur**: la colère — 2 **gronder**: faire des reproches — 3 *l'esclave* (n. m.): der Sklave — 4 **survenir**: apparaître — 5 **accourir**: aller en se pressant — 6 *le médiateur*: personne qui essaie de terminer une querelle entre deux ou plusieurs personnes — 7 *sanguinolant, e*: où se mêle un peu de sang — 8 *l'infortuné* (n. m.): qqn qui a un malheur — 9 *le feuillet*: une petite feuille de papier — 10 *le crayon à bille*: (ici) le stylo à bille — 11 **l'ordonnance** (n. f.): petit papier où le médecin note les médicaments et les traitements pour un malade — 12 **soulager**: calmer — 13 **quereller avec qqn**: se disputer avec qqn — 14 **l'audition** (n. f.): (ici) l'action d'entendre — 15 **prescrire**: ordonner des remèdes ou des traitements — 16 *le mercurochrome*: un liquide rouge qui remplace souvent la teinture d'iode — 17 *le sparadrap*: das Heftpflaster

Il signa, y apposa[1] un cachet[2] puis s'arrêtant un instant, il observa pensivement[3] l'objet de dégoût[4] qui bandait la main de Garba, et ajouta du sérum antitétanique[5] à toute la liste, qu'il tendit au malade.

— Kéké zé fi[6] avec ça, dokta?

Il ne savait pas que c'était ça l'ordonnance[7]. Il avait cru que ce mot signifiait une certaine thérapeutique[8] à appliquer[9] aux blessures graves comme celle qui lui persécutait[10] le bras en ce moment. Il cherchait des soins, on lui donnait un papier.

— Va acheter ça et reviens, on pourra te soigner.

— Asséter[11], mais vous zavez[12] les remèdes[13] ici non? Voilà les remèdes[13] non?

Il pointait[14] la table chargée de flacons[15] et de fioles[16].

— Rien ne peut te soigner là. Va à la pharmacie plutôt[17]. Sors, ajouta-t-il, je vais fermer la porte.

Garba sortit.

Il y avait trois jours, une éternité[18], que Christophe n'avait goûté aux délices[19] enflammés[20] des soyas[21], trois jours que lui et son ami Lazare n'avaient incendié[22] leurs palais[23] avec le feu béni[24] et savoureux[25] du piment[26]. Depuis que l'hôpital avait changé de régisseur[27]. Ils avaient travaillé d'arrache-pied[28] pour entrer dans les bonnes grâces[29] du nouveau

---

1 *apposer:* mettre — 2 *le cachet:* der Stempel — 3 *pensivement* (adv.): d'une manière soucieuse — 4 **le dégoût:** der Ekel — 5 *antitétanique:* gegen Wundstarrkrampf — 6 <*kéké zé fi*>: qu'est-ce que je fais — 7 **l'ordonnance** (n. f.): petit papier où le médecin note les médicaments et les traitements pour un malade — 8 *la thérapeutique:* le traitement d'un malade — 9 **appliquer:** mettre en pratique — 10 **persécuter:** martyriser, tourmenter — 11 <*asséter*>: acheter — 12 <*vous zavez*>: vous avez — 13 **le remède:** le médicament — 14 **pointer:** (ici) montrer du doigt — 15 *le flacon:* une petite bouteille — 16 *la fiole:* une petite bouteille — 17 **plutôt:** de préférence — 18 **l'éternité** (n. f.): un fort long temps — 19 **le délice:** cf. délicieux/excellent — 20 **enflammer:** mettre en flammes — 21 **le soya:* (ici) plat africain — 22 **incendier:** mettre en feu — 23 *le palais:* (ici) der Gaumen — 24 *béni, e:* (ici) très bon — 25 *savoureux, euse:* de bon goût — 26 **le piment:* une épice très piquante (Pfeffergewürz) — 27 *le régisseur:* (ici) le directeur — 28 *travailler d'arrache-pied:* travailler beaucoup — 29 **la grâce:** die Gunst

régisseur[1]. Un bon employé est un employé qui s'est fait un ami du patron. Quand le patron vous considère comme un copain, votre travail est toujours bien fait. Vous pouvez arriver en retard, ne pas venir du tout au boulot[2], refuser de soigner tous les malades avec lesquels vous n'avez aucun lien de parenté[3], avec lesquels vous ne partagez jamais votre bière au bar, personne n'y trouvera à redire[4]. Vous pouvez emporter chez vous les remèdes[5] que désire votre concubine[6] ou la mère de votre deuxième femme, personne ne vous touchera. L'harmonie de l'hôpital reposait sur ces bases. Il fallait s'entendre avec le patron, et surtout s'attirer ses bonnes grâces[7] en devenant le modèle des infirmiers chaque fois qu'il passait à côté de vous, surtout tant que vous n'aviez point scellé[8] votre amitié avec lui devant une bière. Un pacte noué[9] à la bière est inviolable[10] chez nous.

Mais les gourmets[11] qu'étaient Christophe et Lazare voulaient pactiser[12] avec le patron grâce à quelques brochettes[13] de soya[14]. La bière n'est vraiment délicieuse[15] que quand elle éteint le brasier[16] allumé dans votre bouche par quelque soya[14] bien pimenté[17]. Et la satisfaction de la langue entraînant celle du cœur, les amitiés baptisées[18] à l'aide de ce liquide sont plus solides quand ledit[19] liquide s'avère[20] indispensable pour soulager[21] une bouche délicieusement maltraitée[22] par ce condiment[23] béni[24], le piment[25].

---

1 *le régisseur:* (ici) le directeur — 2 *le boulot* (fam.): le travail — 3 *le lien de parenté:* il y a un lien de parenté entre les membres d'une famille — 4 **redire qqch.:** y trouver un défaut, condamner — 5 **le remède:** le médicament — 6 *la concubine:* la maîtresse, l'amante — 7 **la grâce:** die Gunst — 8 *sceller qqch.:* besiegeln — 9 *nouer:* (ici) former, faire — 10 *inviolable:* cf. violer/(ici) blesser — 11 *le gourmet:* personne qui aime manger en qualité — 12 *pactiser:* conclure un pacte, un accord — 13 *la brochette:* petite pièce de bois ou de métal servant à faire griller de petites pièces de viande — 14 **le soya:* (ici) plat africain — 15 **délicieux, euse:** excellent — 16 *le brasier:* die Glut — 17 *pimenté, e:* piquant, fort (gewürzt) — 18 *baptiser:* taufen — 19 *ledit, ladite:* der besagte ...; die besagte ... — 20 *s'avérer:* se montrer, paraître — 21 **soulager:** calmer — 22 **maltraiter:** traiter mal, brutaliser — 23 *le condiment:* substance de saveur forte destinée à relever le goût des aliments — 24 *béni, e:* (ici) très bon — 25 **le piment:* une épice très piquante (Pfeffergewürz)

Ils se multiplièrent[1], s'ingénièrent[2], ils inventèrent, s'accrochèrent[3], plus tenaces[4] que chien après os, pour obtenir de leur patron une de ses soirées. Qui veut peut. Ils happèrent[5] la première soirée creuse[6] du chef qui passa à portée[7] de leurs initiatives. Et ce soir, dans la voiture du régisseur[8] de l'hôpital, ils allaient faire la tournée[9] des grands ducs[10]. La première étape consistait à aller faire une provision de soyas[11]. Les deux infirmiers aimaient tellement ce mets[12]. Rien n'égayait[13] mieux le palais[14], rien ne comblait[15] mieux leur langue, et pour eux, c'était le meilleur préalable[16] à une cuite[17] carabinée[18]. Cela vous déliait[19] le gosier[20], ajoutait des hectolitres à la contenance de votre panse[21].

Ils convainquirent le patron de commencer par une incursion[22] au ministère du soya[11].

Le ministère du soya[11]: trois ou quatre feuilles de tôle[23] noircies[24] par la fumée, clouées sur quatre piquets[25] mal équarris[26], le tout multiplié[27] en quatre ou cinq exemplaires, tel[28] était ce chef-d'œuvre[29] de l'architecture sommaire[30]. Le mobilier[31] était composé par un tonneau contenant la seule

---

1 **se multiplier** (fig.): se dit d'une personne qui semble être partout à la fois — 2 *s'ingénier:* mettre en jeu toutes les ressources de son esprit — 3 **s'accrocher:** ne pas céder — 4 *tenace:* entêté, obstiné — 5 *happer* (fam.): prendre — 6 *la soirée creuse:* la soirée libre — 7 *à portée de:* fait pour — 8 *le régisseur:* (ici) le directeur — 9 *la tournée:* le tour — 10 *faire la tournée des grands ducs:* höher gestellte Personen einladen, um dadurch Vorteile zu haben — 11 *le soya:* (ici) plat africain — 12 *le mets:* le repas — 13 **égayer:** rendre gai, satisfaire — 14 *le palais:* (ici) der Gaumen — 15 **combler:** satisfaire — 16 *le préalable:* (ici) la condition — 17 *la cuite* (pop.): l'ivresse — 18 *carabiné, e* (fam.): fort, violent — 19 *délier:* libérer — 20 *le gosier:* la gorge — 21 *la panse* (fam.): le gros ventre — 22 *l'incursion* (n. f., iron.): l'attaque, la razzia — 23 *la tôle:* das Blech — 24 *noircir:* rendre noir — 25 *le piquet:* morceau de bois servant à dresser une tente ou une maison simple — 26 *équarrir:* couper, tailler — 27 **multiplier:** augmenter — 28 **tel:** ainsi — 29 **le chef-d'œuvre:** les tableaux de Picasso sont des chefs-d'œuvre de l'art moderne — 30 **sommaire:** élémentaire, rapide — 31 **le mobilier:** l'ensemble des meubles

chose qui avait donné la vie à cet établissement[1]: le feu. Pas de feu, pas de soya[2], ni de ministère de tutelle[3]. Par-dessus le feu, la viande subissait[4] la magnifique métamorphose[5] qui en faisait le soya[2]. Derrière le feu, ces rôtisseurs[6] légendai-
5 res, les maguidas[7]. Devant, tous les fidèles, les disciples[8], les gourmets[9], les dégustateurs[10] de ce mets[11]. De chaque côté, la même sympathie, la même chaleur amicale.

Là, sa majesté très obèse[12], Monsieur le Grand Commerçant côtoyait[13] le vendeur d'arachides[14] grillées sans s'offus-
10 quer[15], son Altesse[16] ventripotente[17] et omnipotente[18] le haut fonctionnaire[19] se laissait bousculer[20] par son planton[21] sans hurler[22] au scandale, et lui parlait sans l'entremise[23] intempestive[24] d'un quelconque[25] protocole. Un lien[26] les unissait[27], indéfectible[28] tant qu'il n'était pas apaisé[29]:
15 l'appétit. C'est pourquoi on retrouvait côte à côte les «Mercedes» les plus rutilantes[30], c'est-à-dire nos «Rolls Royce» locales et les guimbardes[31] les plus innommables[32]. Leurs chromes étincelaient[33] à quelques centimètres des pousse-pousse[34] poussiéreux[35] abandonnés un moment par

---

1 l'établissement (n. m.): une maison commerciale − 2 *le soya: (ici) plat africain − 3 de tutelle: (ici) de protection − 4 subir: supporter − 5 la métamorphose: la transformation − 6 le rôtisseur: personne qui rôtit ou grille de la viande − 7 *le maguida: membre de la population de type soudanais − 8 le disciple: personne qui est membre d'un groupe religieux ou politique − 9 le gourmet: personne qui aime manger en qualité − 10 le dégustateur: celui qui mange − 11 le mets: le repas − 12 obèse: corpulent − 13 côtoyer: fréquenter − 14 l'arachide (n. f., comm.): la cacahouète (die Erdnuß) − 15 s'offusquer: (ici) se faire obstacle − 16 l'Altesse: die Hoheit − 17 ventripotent, e: jeu de mots entre «le ventre» et «omnipotent» − 18 omnipotent, e: tout-puissant − 19 le fonctionnaire: der Beamte − 20 bousculer: heurter, pousser − 21 le planton: employé inférieur qui s'occupe de tous les petits travaux − 22 hurler: crier très fort − 23 l'entremise (n. f.): le moyen − 24 intempestif, ive: déplacé, inconvenant − 25 quelconque: n'importe quel − 26 le lien: qqch. qui unit deux ou plusieurs personnes − 27 unir: lier, créer une union − 28 indéfectible: indestructible − 29 apaiser qqch.: calmer qqch. − 30 rutilant, e: brillant − 31 la guimbarde (pop.): vieille voiture − 32 innommable: incroyable − 33 étinceler: briller − 34 le pousse-pousse: voiture légère à deux roues tirée par un homme − 35 poussiéreux, euse: plein de poussière (Staub)

quelque porte-faix[1] à l'appétit aiguisé[2] par les effluves[3] du ministère.

Le régisseur[4] vint aussi ranger sa voiture sur le bas-côté[5]. Les deux infirmiers en descendirent. Immédiatement, on vit une main bandée les pointer[6] du doigt, tandis[7] que le propriétaire de la main disait quelque chose à son voisin immédiat, lequel transmit[8]. Le message circula de bouche à oreille et fit le tour des rôtisseurs[9].

Christophe et Lazare s'approchèrent d'un étalage[10], et demandèrent à goûter[11] la viande. Personne ne leur répondit. Ils haussèrent[12] le ton. La surdité[13] de leurs interlocuteurs[14] subit[15] la même évolution. Ils déclarèrent qu'ils allaient payer. Ils auraient pu tout aussi bien déclarer le contraire.

Ils changèrent d'étalage[16] en grommelant[17] quelque chose de très vilain[18] sur les mœurs[19] sexuelles de la mère de cet arrogant grilleur[20] de soya[21]. La réception fut la même. La mère de ce rôtisseur[9] se vit attribuer[22] la même réputation[23] que celle du précédent[24], et Christophe clama[25] tout haut l'ascendance[26] canine[27] du vendeur.

Au troisième hangar[28], ils reconnurent cet escogriffe[29] dépenaillé[30] qui était venu les importuner[31] un soir à l'hôpi-

---

1 *le porte-faix:* personne qui porte des valises etc. — 2 *aiguiser:* (ici) rendre plus fort — 3 *l'effluve* (n. f.): la vapeur, l'odeur — 4 *le régisseur:* (ici) le directeur — 5 *le bas-côté:* côté d'une rue où les piétons peuvent marcher — 6 **pointer qqn:** montrer, désigner — 7 **tandis que:** pendant que — 8 **transmettre:** faire part de, diffuser un message — 9 *le rôtisseur:* personne qui rôtit ou grille de la viande — 10 *l'étalage* (n. m.): lieu où l'on vend qqch. — 11 **goûter:** manger une petite quantité pour l'essayer — 12 **hausser le ton:** parler plus fort — 13 *la surdité:* cf. sourd/taub — 14 *l'interlocuteur* (n. m.): personne à qui on parle — 15 **subir:** (ici) prendre — 16 *l'étalage* (n. m.): lieu ou l'on vend qqch. — 17 *grommeler:* murmurer, gronder — 18 **vilain, e:** stupide, bête — 19 *les mœurs* (n. f. pl.): les habitudes — 20 *le grilleur:* personne qui grille de la viande — 21 **le soya:* (ici) plat africain — 22 **attribuer:** (ici) recevoir — 23 **la réputation:** la considération — 24 **le précédent:** ant. le suivant — 25 *clamer:* crier — 26 *l'ascendance* (n. f.): (ici) die Verwandtschaft — 27 *canin, e:* comme un chien — 28 *le hangar:* (ici) le stand, l'étalage — 29 *l'escogriffe* (n. m.): der Rüpel — 30 *dépenaillé, e:* qui a des vêtements sales et déchirés — 31 **importuner:** déranger

tal alors qu'ils assuraient[1] la garde. Sa main était bandée et il se tenait à côté d'un collègue qui grillait et vendait la viande, lui se contentant de bavarder[2] ou de suggérer[3] certaines choses.

Garba les apostrophait[4].

— Vous pensez que vous n'a pas besoin aussi de quelqu'un? Sé[5] vous à hôpital, vous ne soignez que ton frère, votre ami, vous ne pas soigner les autres. Quand zé[6] souis véni, vous avez dit que zé dois mourir parce que moi zé[7] ne souis pas ton frère, parce que zé[8] n'a pas mouillé[9] la barbe de vous. Vous ici, z'être[10] aussi dans mon bureau. Moi zé[11] refisé[12] aussi de vous vendre les soyas[13], parce que vous n'a pas mouillé[9] ma barbe. Vous refisez[12] me soigner, moi refisé[12] vous vendre. Allez dirre! — Vous commandez là-bas, moi aussi zé[11] commandé ici. Allez m'ackiser[14].

C'est le ronflement[15] rageur[16] de la voiture de leur supérieur hiérarchique qui les tira de leur hébétude[17]. Il s'en allait, furieux, les plantant[18] là. Ils surent qu'il allait sévir[19] contre eux à l'hôpital. Ils en frémirent[20]. La foule des clients regardait, hostile[21]. Certains avaient souffert des mêmes déboires[22] dans divers services. L'indifférence et la concussion[23] de ce genre de fonctionnaire avaient malmené[24] beaucoup d'entre eux.

Christophe et Lazare s'éloignèrent. Ils savaient qu'ils étaient les victimes d'une vendetta[25].

Qu'ils avaient déclenchée[26].

---

1 *assurer la garde:* Bereitschaftsdienst haben — 2 **bavarder** (fam. et parfois péj.): parler — 3 **suggérer:** proposer, conseiller — 4 *apostropher qqn:* parler à qqn — 5 <sé vous>: chez vous — 6 <zé souis véni>: je suis venu — 7 <zé ne souis pas>: je ne suis pas — 8 <zé n'a pas>: je n'ai pas — 9 *mouiller la barbe:* flatter — 10 <z'être>: vous êtes — 11 <zé>: j'ai — 12 <refiser>: refuser — 13 **le soya:* (ici) plat africain — 14 <ackiser>: accuser — 15 *le ronflement:* (ici) le bruit d'un moteur — 16 **rageur, euse:** en rage, furieux — 17 *l'hébétude* (n. f.): die Verblüffung — 18 *planter qqn:* (ici) le laisser quelquepart — 19 *sévir:* punir — 20 *frémir:* être agité d'un tremblement causé par la peur ou le froid — 21 **hostile:** comme un ennemi — 22 *le déboire:* la déception, la désillusion — 23 *la concussion:* die Veruntreuung — 24 **malmener:** maltraiter — 25 *la vendetta* (italien): la vengeance — 26 *déclencher qqch.:* (ici) le provoquer

2 Textes supplémentaires

2.1 La situation linguistique au Cameroun

La situation linguistique au Cameroun aujourd'hui est beaucoup plus complexe qu'on ne l'imagine en Europe. Xavier Michel, chargé de recherche auprès du Haut Comité de la langue française à Paris, en esquisse ici les traits principaux tandis que Mongo Beti, écrivain camerounais de renom, analyse le rôle du français dans son pays.

2.1.1 Xavier Michel: Un bilinguisme[1] français-anglais

Le Cameroun était, comme le Togo, un ancien protectorat allemand partagé[2] entre la France et la Grande-Bretagne au lendemain de la première guerre mondiale mais, contrairement à celui-ci, il a été partiellement réunifié[3] après l'indépendance. C'est ainsi que le 1er septembre 1961, l'adjonction[4] de la partie méridionale[5] de l'ex-Cameroun anglais était consacrée[6] par l'institutionnalisation[7] d'une république fédérale bilingue, le français perdant ainsi l'exclusivité de son statut officiel que ne prévoyait[8] toutefois[9] pas la première constitution[10] camerounaise; l'anglais a cependant[11] conservé la qualité de langue officielle spécifique de l'Etat fédéré du Cameroun Occidental jusqu'à la constitution du 2 juin 1972, encore en vigueur[12], qui déclare en son préambule que «le peuple camerounais, fier de sa diversité[13] culturelle et linguistique, élément de sa personnalité nationale qu'elle contribue[14] à enrichir[15], mais profondé-

---

1 *le bilinguisme:* la situation dans un pays où deux langues sont parlées: dans un pays bilingue — 2 **partager:** diviser — 3 **réunifier:** unifier de nouveau — 4 *l'adjonction* (n. f.): l'association — 5 **méridional, e:** au sud — 6 **consacrer:** accorder — 7 *l'institutionnalisation* (n. f.): cf. institutionnaliser/donner à qqch. le caractère officiel d'une institution — 8 **prévoir:** envisager — 9 **toutefois:** cependant, malgré tout — 10 **la constitution:** die Verfassung — 11 **cependant:** pourtant, malgré tout — 12 *en vigueur:* en application actuellement — 13 **la diversité:** la variété — 14 **contribuer à:** aider à, s'enforcer à — 15 **enrichir:** rendre plus riche (au sens figuré)

ment conscient[1] de la nécessité impérieuse[2] de parfaire[3] son unité, proclame solennellement[4] qu'il constitue[5] une seule et même nation ...»; cette disposition[6] fondamentale se traduit[7] sur le plan linguistique par l'article 1er, du titre I, selon lequel «les langues officielles de la République Unie du Cameroun sont: le français et l'anglais». Le manque de fonctionnaires bilingues maintient[8] néanmoins[9] une distinction[10] de fait entre provinces francophones et anglophones au point que[11] le Cameroun apparaît comme le seul pays africain où puisse être délimitée[12] une francophonie régionale qui implique[13], du point de vue administratif, plus des deux tiers[14] de la population nationale. Ce bilinguisme[15] officiel ne s'accompagne guère[16] d'initiatives étatiques[17] en faveur des langues locales, certes[18] très nombreuses, mais parmi lesquelles se détachent[19] le duàla, le basaà, l'ewondo, le banjun et le fé efé.

Cité d'après: Xavier Michel, Panorama de la langue française dans les Etats africains et malgaches vingt ans après les indépendances. Dans: Französisch heute, Heft 2 (Sondernummer) 1982, p. 121.

1 **être conscient de qqch.**: s'en rendre compte, le savoir — 2 *impérieux, euse:* pressant, irrésistible — 3 **parfaire:** rendre parfait — 4 **solennel, le:** officiel — 5 **constituer:** former — 6 **la disposition:** le rangement, le classement — 7 *se traduire:* (ici) se montrer — 8 **maintenir:** garder — 9 **néanmoins:** malgré tout — 10 **la distinction:** la différence — 11 *au point que:* concernant la situation où — 12 **délimiter:** fixer, définir — 13 **impliquer:** signifier — 14 **le tiers:** das Drittel — 15 *le bilinguisme:* la situation dans un pays où deux langues sont parlées: dans un pays bilingue — 16 *ne ... guère:* très peu — 17 *étatique:* de l'Etat — 18 **certes:** naturellement — 19 *se détacher:* apparaître comme les plus importants

2.1.2 Mongo Beti: Le rôle du français

Toujours est-il que voici le français confirmé[1] définitivement dans sa position de langue officielle unique dans des pays où cette langue n'est pourtant parlée que par une portion[2] infime[3] des habitants, soit, selon des statistiques
5 officielles qui ne pèchent[4] pas par excès de pessimisme, autour de 5%. Encore cet usage du français, même chez ces 5% de la population, est-il maladroit, embarrassé, tant les gens manquent de familiarité avec une langue bien trop éloignée de leur mentalité et d'ailleurs dispensée[5] trop
10 parcimonieusement[6].

Cité d'après: Mongo Beti, Les langues africaines et le néo-colonialisme en Afrique francophone. Dans: Peuples noirs / Peuples africains, no 29 (sept.–oct. 1982), p. 111.

1 **confirmer**: affirmer, assurer — 2 *la portion*: la partie — 3 **infime**: très petit, minime — 4 *pécher*: commettre une faute, une erreur — 5 **dispenser**: (ici) utiliser — 6 *parcimonieux, euse*: économe, rare

2.2 John Mbiti: Le rôle du guérisseur

Dans toutes les sociétés africaines, le guérisseur, c'est-à-dire le «docteur traditionnel», joue un rôle important. John Mbiti, théologien kenyan, nous présente ici les plusieurs aspects de cette profession. L'extrait est tiré de son livre *Religions et philosophies*
5 *africaines*.

Les guérisseurs[1] sont le bien le plus précieux[2] que possèdent les sociétés africaines et leur plus utile source d'aide. On les nomme aussi herboristes[3], ou docteurs traditionnels. Ce sont eux qui ont été le plus souvent les
10 victimes des écrivains et des orateurs[4] européens et américains qui les ont traités à tort de «docteurs-sorciers[5]»,

1 **le guérisseur*: le médicin traditionnel en Afrique — 2 **précieux, euse**: qui a beaucoup de valeur sur le plan moral ou sentimental — 3 **l'herboriste** (n. m.): personne qui vend des plantes médicinales — 4 *l'orateur* (n. m.): personne qui compose et prononce souvent des discours — 5 *le sorcier*: der Zauberer, der Hexer

terme[1] qui devrait être banni[2]. Tout village a, dans son voisinage immédiat[3], un guérisseur[4] qui est l'ami de la communauté[5]. Il est constamment à la disposition de chacun et, à maintes reprises[6], il intervient[7] dans l'existence
5 de l'individu et de la collectivite.

On peut résumer les devoirs des guérisseurs[4] comme suit: ils ont avant tout affaire à la maladie et au malheur. On croit en général que maladies et malheurs sont provoqués par le mauvais vouloir ou l'action maligne[8] d'un individu
10 envers un autre, normalement par l'entremise[9] de la sorcellerie[10] et de la magie. Il faut donc que le guérisseur[4] découvre la cause de la maladie, démasque[11] le criminel, diagnostique la nature du mal, applique[12] le traitement adéquat[13] et trouve moyen d'empêcher que les malheurs se reproduisent[14].
15 C'est le processus[15] psychologique et physique adopté[16] par les guérisseurs[4] lorsqu[17]'ils ont à traiter la maladie et le malheur. Le guérisseur[4] applique[12] ainsi un traitement à la fois physique et «spirituel[18]» (ou psychologique) qui assure au patient que tout est bien et que tout ira bien. En effet, le
20 guérisseur[4] est tout ensemble le médecin et le pasteur du malade. Ses médicaments sont faits de plantes, d'herbes[19], de poudres, d'ossements[20], de semences[21], de racines[22], de sucs[23], de feuilles, de liquides, de minéraux[24], de charbon de

---

1 **le terme:** le mot, l'expression — 2 **bannir qqch.:** le supprimer, l'écarter — 3 **immédiat, e:** à côté, proche — 4 **le guerisseur:* le médecin traditionnel en Afrique — 5 *la communauté:* (ici) l'ensemble des habitants d'un village — 6 *à maintes reprises:* souvent — 7 *intervenir dans qqch.:* s'introduire — 8 **malin, maligne:** rusé, méchant — 9 *par l'entremise:* par le moyen — 10 *la sorcellerie:* cf. le sorcier — 11 **démasquer:** découvrir — 12 **appliquer:** mettre en pratique — 13 *adéquat, e:* convenable, juste — 14 **se reproduire:** arriver de nouveau — 15 *le processus* (fig.): le mécanisme — 16 **adopter qqch.:** choisir, prendre — 17 **lorsque** (conj.): quand — 18 **spirituel, le:** ant. physique, corporel (n. f.) — 19 **l'herbe** (n. f.): (ici) plante médicinale — 20 *les ossements* (n. m. pl.): les os décharnés et desséchés de cadavres d'hommes ou d'animaux — 21 *la semence:* der Samen — 22 *la racine:* toutes les plantes ont des racines fixées dans la terre — 23 *le suc:* liquide contenu dans certaines plantes considéré comme leur partie la plus substantielle — 24 *le minéral, les minéraux:* les pierres p. ex. sont des minéraux

bois. Lorsqu'[1]il traite un malade, il peut le masser[2], utiliser des aiguilles ou des épines[3]; il peut le saigner[4], il peut sauter sur lui, il peut se livrer à des incantations[5] et utiliser l'art du ventriloque[6]; il peut demander au patient de sacrifier[7] un poulet ou une chèvre[8], d'observer[9] certains tabous[10], d'éviter certains aliments[11] ou certaines personnes; tout cela en plus des remèdes[12] proprement dits qu'il lui prescrit[13]. Dans les villages, la maladie et le malheur sont des expériences religieuses et il faut les traiter selon une approche[14] religieuse. Les guérisseurs[15] le savent et s'efforcent[16] de remédier[17] à la situation en adoptant[18] une attitude religieuse (ou quasi religieuse), qu'elle soit sincère ou non, ou tous les deux à la fois. Il est évident que certaines manifestations[19] qui interviennent[20] dans le traitement de la maladie n'ont aucune valeur apparente[21], mais elles sont importantes du point de vue psychologique et il ne fait aucun doute qu'elles jouent un grand rôle pour la guérison[22] du malade ou l'allégement[23] de sa peine. Ici, les moyens importent[24] moins que la fin[25]; c'est ainsi que le guérisseur[15] et son patient conçoivent[26] et ressentent[27] la situation qui les lie[28] l'un à l'autre.

1 **lorsque** (conj.): quand — 2 *masser:* frotter et presser le corps d'une personne dans une intention thérapeutique — 3 *l'épine* (n. f.): les roses p. ex. ont des épines qui piquent — 4 *saigner qqn:* tirer du sang à qqn en ouvrant une veine dans une intention thérapeutique — 5 *l'incantation* (n. f.): l'emploi de paroles magiques — 6 *le ventriloque:* der Bauchredner — 7 *sacrifier:* (ici) tuer un animal pendant une cérémonie religieuse — 8 **la chèvre:** die Ziege — 9 **observer:** (ici) respecter — 10 **le tabou:* un sujet, une chose ou un lieu dont on ne peut parler, qui est interdit — 11 **l'aliment** (n. m.) tout produit naturel ou préparé qui se mange — 12 **le remède:** le médicament — 13 **prescrire:** le médecin prescrit des médicaments et des traitements — 14 *l'approche* (n. f.): (ici) la manière — 15 **le guérisseur:* médecin traditionnel en Afrique — 16 **s'efforcer de:** faire son possible pour — 17 **remédier** à qqch.: trouver un remède contre — 18 **adopter qqch.:** choisir, prendre — 19 **la manifestation:** (ici) une action — 20 *intervenir dans:* s'introduire à — 21 **apparent, e:** ce qu'on peut voir clairement — 22 **la guérison:** cf. guérir qqn/rétablir sa santé — 23 **l'allégement** (n. m.): cf. alléger/rendre moins pénible, soulager — 24 **importer:** être important — 25 **la fin:** le but d'une action — 26 **concevoir:** imaginer, voir — 27 **ressentir:** éprouver — 28 **lier:** rapprocher

Même dans les villes modernes on rencontre encore ou l'on entend parler de guérisseurs[1] dont certains réussissent très bien. La tension[2] de la vie urbaine[3] a engendré[4] de nouvelles difficultés et il est certain que ces hommes aident à résoudre les problèmes nouveaux par le biais[5] des méthodes traditionnelles. Il semble toutefois[6] que ces guérisseurs[1] urbains[3] soient moins honnêtes que ceux de la campagne. Cela est dû[7] en partie au caractère moins personnel de l'existence en ville, et en partie au système de l'argent qui encourage les gains[8] rapides. Le guérisseur[1] est l'un des spécialistes dont la profession va certainement se perpétuer[9] en Afrique pour de nombreuses générations encore, en particulier parce que les difficultés des gens augmentent sous la pression des changements modernes; le guérisseur[1] déplace[10] son activité dans les centres urbains[3] où ces difficultés sont particulièrement denses[11]. Dans un grand nombre de pays, des hommes politiques influents[12] et des universitaires sont connus pour les consulter[13] ce qui, incontestablement[14], place les guérisseurs[1] à un haut niveau et assure la continuité[15] de leur activité. On sait qu'un certain nombre de diplômés[16] d'université sont devenus des guérisseurs[1] ou travaillent avec eux et j'ai entendu dire que, dans deux pays au moins, des guérisseurs[1] travaillent en association avec des médecins ou dans des hôpitaux. Il est incontestable[17] qu'une étude approfondie[18] de la médecine et des pratiques médicales traditionnelles pourrait être d'une grande utilité. La modeste[19] recherche que j'ai effectuée[20] dans le domaine[21] des guérisseurs[1] m'a prouvé qu'ils sont dignes[22] de respect à la fois comme personnalités et

---

1 *le guérisseur:* le médecin traditionnel en Afrique — 2 **la tension:** die Spannung — 3 **urbain, e:** en ville — 4 *engendrer:* causer, créer — 5 *le biais:* le moyen — 6 **toutefois:** malgré tout — 7 **être dû, due à:** être causé par — 8 *le gain:* le profit — 9 *se perpétuer:* durer, se reproduire — 10 **déplacer:** changer de place — 11 **dense:** intensif — 12 **influent, e:** puissant, important — 13 **consulter qqn:** demander un diagnostic ou un avis à qqn — 14 **incontestablement:** sans aucun doute — 15 **la continuité:** la durée — 16 **le diplômé:** qui a obtenu son diplôme d'études supérieures — 17 **incontestable:** que l'on ne peut mettre en doute — 18 **approfondi, e:** cf. approfondir/examiner plus attentivement — 19 **modeste:** (ici) petit — 20 *effectuer:* (ici) faire — 21 **le domaine:** la matière, le sujet — 22 **être digne de qqch.:** le mériter

dans l'exercice de leur profession. C'est en les approchant dans une attitude d'humilité[1] que l'homme de science pourra espérer avoir accès[2] à leur savoir de spécialistes, bien qu'une partie de ce savoir ne puisse être acquise[3] que par les initiés[4] et probablement sous le sceau[5] du secret[6].

Extrait de: John Mbiti, Religions et philosophies africaines. Yaoundé: Editions CLE 1972, p. 176–181.

1 **l'humilité** (n. f.): sentiment de sa faiblesse, la modestie — 2 **avoir accès à qqch.:** (ici) faire connaissance — 3 **acquérir qqch.:** (ici) apprendre qqch. — 4 *l'initié* (n. m.): der Eingeweihte — 5 *le sceau:* das Siegel — 6 **le secret:** ce qui n'est pas connu —

2.3 Patrick Mérand: La famille africaine

La famille africaine a une tradition qui se distingue beaucoup de celle de la famille européenne. C'est pour cela que la vie familiale en Afrique aujourd'hui se fonde sur d'autres principes qu'en Europe. Patrick Mérand, ethnologue et psychologue français, en décrit ici les traits caractéristiques.

Petits frères, cousins ou amis?

A entendre les Africains, force[1] est de constater que l'Afrique n'est qu'une seule et même famille puisque chacun connaît un frère ou un cousin dans n'importe quelle ville du pays. Dans l'esprit, cette observation rend fidèlement la réalité malgré la nuance à apporter à la terminologie «frères» et «cousins», proche du terme[2] employé par le prédicateur[3] à l'église et désignant[4] avant tout l'appartenance[5] à un même groupe humain. La fratrie[6] africaine n'implique[7] pas de liens[8] consanguins[9]: tous les membres d'une même ethnie[10] sont frères. La diversité[11] du vocabu-

---

1 *force est de:* on est obligé de — 2 **le terme:** le mot, l'expression — 3 *le prédicateur:* celui qui prêche dans une église — 4 **désigner:** signaler — 5 **l'appartenance** (n. f.): cf. appartenir à qqch./faire partie de qqch. — 6 *la fratrie:* ensemble des frères et des sœurs d'une famille — 7 **impliquer:** (ici) signifier — 8 **le lien:** la relation — 9 *consanguin, e:* qui est parent du côté du père — 10 **l'ethnie* (n. f.): ensemble d'individus que rapproche la communauté de langue et de culture — 11 **la diversité:** la variété

laire français permet d'exprimer des nuances telles que beaux-frères, neveux, cousins issus[1] de germains[2], demi-frères: peu de langues africaines disposent[3] de termes[4] spécifiques[5] pour distinguer ces nuances. (...)

La terminologie est si vague[6] que lorsque[7] un Africain veut parler de son frère ou de son cousin dans l'acception[8] française du terme[4] il est obligé d'employer la définition du dictionnaire et de préciser à chaque fois: même père, même mère, enfants du frère — même père, même mère — de mon père. Ces nuances prennent toutes leurs significations en raison de la polygamie[9]: de nombreux «frères» ne sont en fait que des demi-frères, et, pour les cousins, il est facile d'imaginer la complication pour désigner précisément les liens[10] unissants deux cousins germains[2] nés de famille polygame[11]. Cette explication est si embrouillée[12] que les Africains y ont renoncé depuis longtemps: il n'y a que les Européens pour vouloir savoir exactement «qui est qui?», pour refuser de fondre[13] l'individu dans la communauté familiale ou clanique[14].

Famille, clan[15], ethnie[16]

La famille africaine est définie par l'ensemble des descendants[17] d'un ancêtre[18] commun. Quand cette descendance[19] devient trop nombreuse, une branche se détache[20] pour constituer[21] un nouveau noyau[22] familial. L'ensemble

---

1 *issu, e de:* né, sorti de — 2 *germain, e* (adj.): ayant au moins une grand-mère ou un grand-père commun — 3 **disposer de qqch.:** l'avoir, le posséder — 4 **le terme:** le mot, l'expression — 5 **spécifique:** particulier, typique — 6 **vague:** imprécis, incertain — 7 **lorsque** (conj.): quand — 8 *l'acception* (n. f.): la signification — 9 **la polygamie:* organisation sociale reconnaissant les unions légitimes multiples et simultanées — 10 *le lien:* la relation — 11 *la famille polygame:* famille où l'homme est uni à plusieurs femmes — 12 **embrouillé, e:** compliqué — 13 **fondre qqn dans qqch.:** (ici) verschmelzen — 14 *clanique:* cf. clan/division d'une ethnie — 15 **le clan:* division d'une ethnie — 16 **l'ethnie:* ensemble d'individus que rapproche la communauté de langue et de culture — 17 *le descendant:* qui descend d'un ancêtre — 18 *l'ancêtre* (n. m.): personne qui est à l'origine d'une famille — 19 *la descendance:* le fait de descendre d'une personne ou d'une famille — 20 *se détacher:* se libérer — 21 **constituer:** former — 22 **le noyau:** la petite pièce centrale d'un fruit ou d'un groupe

de ces branches constituent le clan[1]. Les sociétés africaines sont, à de rares exceptions près, patrilinéaires[2]. Un ensemble de clans[1] forme une ethnie[3] dont le point commun n'est plus l'ancêtre[4] mais la langue.

La cohésion[5] familiale est un principe ancestral[6] qui résiste aux attaques des détracteurs[7] de la tradition. Qu'un parent disparaisse et aussitôt[8] l'orphelin[9] est pris en charge[10] par une autre femme de la famille. N'a-t-on pas vu des grands-mères reprendre l'éducation de tout-petits dont la mère a disparu accidentellement[11]? Les enfants aiment bien ces vieilles omniprésentes[12]. (...)

Les maisons de retraite[13] n'existent pas plus que les maisons de jeunes. La famille ne fait aucune discrimination[14]. Les Africains, dans leur ensemble, sont surpris, voire[15] scandalisés[16], d'apprendre qu'en Europe les vieillards sont relégués[17] hors de la cellule[18] familiale, dans des hospices[19] créés à leur intention[20]. Ils voient là une injustice flagrante[21] et un mépris[22] de la personne humaine: comment imaginer que l'on évince[23] des décisions familiales et communautaires[24] ceux qui ont une expérience si riche de la vie?

Extraits de: Patrick Mérand, La vie quotidienne en Afrique noire. A travers la littérature africaine d'expression française. Paris: Editions Harmattan 1984, pp 162–166.

---

1 *le clan:* division d'une ethnie — 2 *patrilinéaire:* fondé sur l'ascendance paternelle — 3 *l'ethnie:* ensemble d'individus que rapproche la communauté de langue et de culture — 4 *l'ancêtre* (n. m.): personne qui est à l'origine d'une famille — 5 *la cohésion:* (ici) la force qui unit les membres d'un groupe — 6 *ancestral, e:* (ici) où l'ancêtre est le lien d'une famille — 7 *le détracteur:* l'ennemi, l'adversaire — 8 **aussitôt:** tout de suite — 9 *l'orphelin* (n. m.): un enfant qui a perdu ses parents — 10 **prendre qqn en charge:** s'occuper, se charger de lui — 11 **accidentellement:** dans un accident — 12 *omniprésent, e:* qui est partout — 13 **la maison de retraite:** das Altersheim — 14 **la discrimination:** la séparation, la distinction — 15 *voire:* et même — 16 *scandaliser:* choquer — 17 *reléguer qqn:* l'exiler dans un lieu déterminé — 18 *la cellule:* (ici) l'unité fondamentale — 19 *l'hospice* (n. m.): établissement public ou privé destiné à recevoir des vieillards, des orphelins etc. — 20 **à leur intention:** spécialement pour eux — 21 **flagrant, e:** évident, incontestable — 22 **le mépris:** ant. le respect, l'admiratoin — 23 *évincer:* exclure — 24 *communautaire:* qui a rapport à la communauté

2.4 Patrick Mérand:
Village et ville en Afrique moderne

La vie en campagne africaine diffère beaucoup de la vie en campagne chez nous. Là: pauvreté et isolation, ici: modernisation toujours croissante. Dans l'extrait suivant, Patrick Mérand, ethnologue et psychologue français, décrit cette situation.

La quiétude[1] des campagnes

Les villages africains diffèrent d'une région à l'autre: habitations à flanc[2] de montagne du pays dogon[3] au Mali, grandes concessions[4] mossi[3] ou lobi[3] en Haute-Volta, maisons à étages somba[3] au Bénin, ou tamberma[3] au Togo ... La petite case[5] ronde au toit de chaume[6] n'est qu'un des multiples[7] aspects de la réalité: coiffée d'un toit conique[8], elle est surtout construite par les habitants de la savane: baoulé[9], sénoufo[9] ... Les villages peuls[9] et haoussas[9] sont établis selon des techniques propres aux peuples nomades: maisons légères, armées d'une charpente[10] en bois lié[11]. Les cases[5] rectangulaires[12] au toit en tôle ondulée[13] sont de plus en plus répandues[14], car faciles de construction, elles résistent de plus aux fortes pluies. (...)

La pauvreté apparente[15], la pauvreté matérielle est partout présente dans ces villages disséminés[16] à l'écart des grandes routes, loin de la consommation à outrance[17]. Ce n'est certes[18] pas un paradis terrestre[19]: il ne suffit pas de tendre le bras pour cueillir des fruits délicieux. Au contraire le travail

---

1 *la quiétude:* le calme, la paix — 2 *à flanc:* sur la pente — 3 **les dogons, les mossis, les lobis, les sombas, les tambermas:* ethnies africaines — 4 *la concession:* (ici) die Siedlung — 5 **la case:* cabane, habitation habituelle dans la brousse africaine — 6 *la chaume:* toit en couverture de paille — 7 **multiple:** divers — 8 *conique:* kegelförmig, konisch — 9 **les baoulés, les sénoufos, les peuls, les haoussas:* ethnies africaines — 10 **la charpente:** das Dachgebälk — 11 **lier:** mettre en relation — 12 **rectangulaire:** rechteckig — 13 *la tôle ondulée:* das Wellblech — 14 **répandu, e:** ant. rare — 15 **apparent, e:** ce qu'on peut voir clairement — 16 *disséminer:* répandre en nombreux points assez éloignés — 17 *la consommation à outrance:* der Konsumüberfluß — 18 **certes:** naturellement — 19 **terrestre:** de la terre

est dur, très dur pour nourrir une famille que l'on voudrait plus nombreuse mais qui est sans cesse décimée[1] par la mortalité infantile[2] ou les maladies endémiques[3]. La lutte[4] à mains nues avec la nature n'est pas un repos quotidien[5]; ces villages privés[6] parfois[7] du nécessaire ou de l'indispensable[8] — mais qu'est-ce que l'unique nécessaire? — sont très isolés. (...) Tous les habitants se connaissent. Les villages ont appris à se haïr[9], à se faire la guerre comme à s'allier[10] en amitiés indélébiles[11]. L'unité entre eux est assurée par la langue: dès que celle-ci diffère trop d'un village à l'autre, il faut s'attendre à ce que la rivalité l'emporte[12] sur la coopération. On ne peut guère[13] s'aimer sans communiquer. Cette situation est l'un des problèmes majeurs[14] auxquels les nouvelles républiques ont à faire face[15].

La vie toute simple qui règne[16] dans les villages ne doit pas faire oublier celle, pénible, qui se déroule[17] dans les champs. Les jeunes acceptent de moins en moins ces durs labeurs[18] et refusent de vivre en marge[19] de ce qu'ils appellent le progrès, ou de ce que les Européens ont dénommé[20] exagérément[21] «la Civilisation». Pour eux, la ville représente le modernisme auquel ils aspirent[22]. Mais les nouveaux citadins[23] ne découvrent que misère, corruption et gabegie[24], au lieu de progrès, modernisme et argent: les désillusions sont amères[25].

Extraits de: Patrick Mérand, La vie quotidienne en Afrique noire. A travers la littérature africaine d'expression française. Paris: Editions Harmattan 1984, pp. 24–26.

---

1 *décimer:* exterminer, tuer — 2 *la mortalité infantile:* die Kindersterblichkeit — 3 *la maladie endémique:* une maladie qui règne habituellement dans une région déterminée — 4 **la lutte:** cf. lutter/se battre — 5 **quotidien, ne:** de tous les jours — 6 **privé de:** sans — 7 **parfois:** quelquefois — 8 *l'indispensable* (n. m.): ce qui est nécessaire — 9 **se haïr:** ant. s'aimer — 10 **s'allier:** s'associer — 11 *indélébile:* indestructible — 12 **l'emporter sur qqch.:** gagner — 13 **ne ... guère:** kaum — 14 **majeur, e:** le plus grand — 15 *faire face à qqch.:* lutter contre qqch. — 16 **régner:** (ici) exister — 17 **se dérouler:** se passer — 18 *le labeur* (littér.): le travail dur — 19 **en marge:** loin du centre — 20 **dénommer:** nommer, désigner — 21 **exagérer:** ant. minimiser (übertreiben) — 22 **aspirer à qqch.:** désirer, souhaiter qqch. — 23 **le citadin:** celui qui vit dans une ville — 24 *la gabegie:* désordre résultant d'une mauvaise administration — 25 **amer, amère:** (ici) désagréable

Indications biographiques

Sévérin Cécile Abéga est né le 25 novembre 1955 à Nkolmebanga, près de Saa, dans le Sud-Cameroun. Son père est instituteur, sa mère cultive son petit champ, à Ntom-Abel. Abéga reste dans son village jusqu'à quinze ans, fréquente l'école primaire et le collège de Nkolmebanga, ensuite le lycée de Nkongsamba, dans l'Ouest du pays. Il fait des études supérieures de lettres et d'histoire de l'art, à Yaoundé. Ecrivain, peintre, il travaille actuellement à la chancellerie de l'université de Yaoundé.

Mongo Beti (pseudonyme qui veut dire: l'enfant des Beti, une ethnie au Cameroun. Son vrai nom est Alexandre Biyidi-Awala) est né le 30 juin 1932 à Akométan, près de Yaoundé au Cameroun. Après des études en «Lettres classiques» (Agrégation en 1966) il est devenu un des auteurs les plus connus de l'Afrique Noire. Parmi ses romans il faut nommer *Ville cruelle* (1954), *Le pauvre Christ de Bomba* (1956), *Mission terminée* (1957) et *Perpétue et l'habitude du malheur* (1974). Dans ces romans, dont quelques-uns sont traduits en allemand, il condamne le colonialisme et le néo-colonialisme en Afrique. Depuis 1978, il est directeur de la revue «Peuples noirs – Peuples Africains». Il vit en exil à Paris.

John Mbiti est originaire du Kenya, où il fit ses études dans la section kenyane de Makerere University. Il obtint un doctorat en théologie à Cambridge, puis fut pasteur en Angleterre, et chargé de cours en Angleterre (Birmingham) et en Allemagne (Hambourg). Depuis 1968 il est professeur d'études religieuses dans la section ungandaise de Makerere University, enseignant la théologie chrétienne et l'histoire comparée des religions.

Patrick Mérand est né en 1948 en France. Après des études supérieures de psychologie, d'ethnologie et de sciences politiques, il a effectué plusieurs voyages en Afrique Noire. Il enseigne la littérature africaine au Collège de Togoville, près de Lomé (Togo).

Xavier Michel collabore au Haut conseil de la Francophonie à Paris (72, rue de Varenne). Il s'occupe du rôle du français dans les pays dits francophones.